老子
导读及译注

陈鼓应 著

蒋丽梅 苗玥 整理

人民文学出版社

图书在版编目（CIP）数据

老子导读及译注/陈鼓应著；蒋丽梅，苗玥整理. —北京：人民文学出版社，2022（2023.10重印）

ISBN 978-7-02-016868-2

Ⅰ.①老… Ⅱ.①陈… ②蒋… ③苗… Ⅲ.①道家②《道德经》—译文③《道德经》—注释 Ⅳ.①B223.1

中国版本图书馆CIP数据核字（2022）第032592号

责任编辑　陈彦瑾
装帧设计　黄云香
责任印制　任　祎

出版发行　人民文学出版社
社　　址　北京市朝内大街166号
邮政编码　100705

印　　刷　北京盛通印刷股份有限公司
经　　销　全国新华书店等

字　　数　158千字
开　　本　880毫米×1230毫米　1/32
印　　张　8.625　插页9
印　　数　6001—9000
版　　次　2021年8月北京第1版
印　　次　2023年10月第2次印刷

书　　号　978-7-02-016868-2
定　　价　69.00元

如有印装质量问题，请与本社图书销售中心调换。电话：010-65233595

・陈鼓应・

享誉国际的道家文化学者。1935年出生于福建长汀，1949年随父母赴台，1956—1963年先后就读于台湾大学哲学系及哲学研究所，师从著名哲学家方东美、殷海光。两度辗转执教于台湾大学和北京大学，曾被聘任为北京大学"人文讲席教授"，现为《道家文化研究》学刊主编。2016年获文化部主办的CCTV中华之光"传播中华文化年度人物奖"；2019年获"汤用彤学术奖"。

著有《悲剧哲学家尼采》《庄子思想散步》《老庄新论》《易传与道家思想》《道家易学建构》《道家的人文精神》《庄子人性论》《庄子解读》等十余部论著。其中，《道家的人文精神》2015年获全球华人国学大典"子部学奖"；收录于"中华传统文化百部经典"的《庄子解读》2017年获第十三届国家图书馆"文津图书奖"。

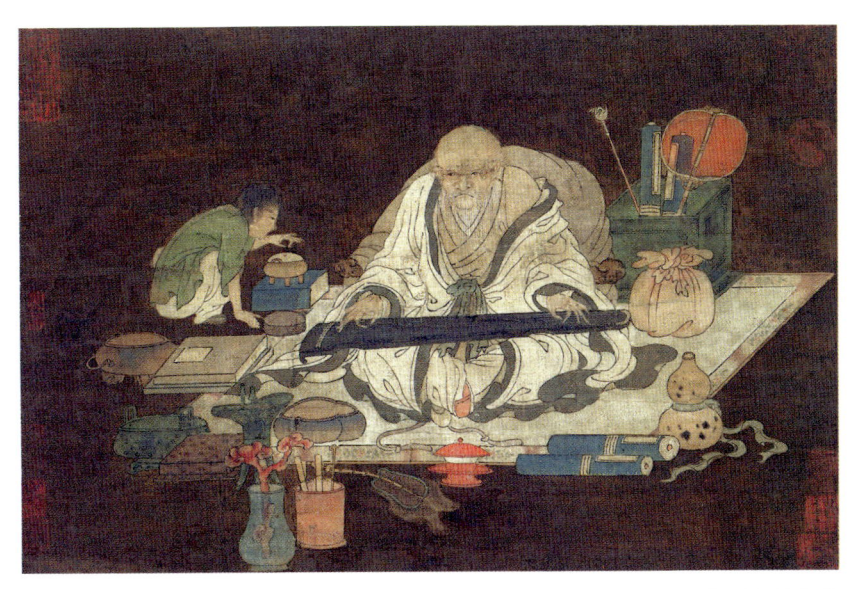

唐·周昉《老子玩琴图》(明人画) | 弗利尔美术馆

唐·韩滉《三教图》 | 耶鲁大学艺术博物馆

宋·晁补之《老子骑牛图》 | 台北故宫博物院

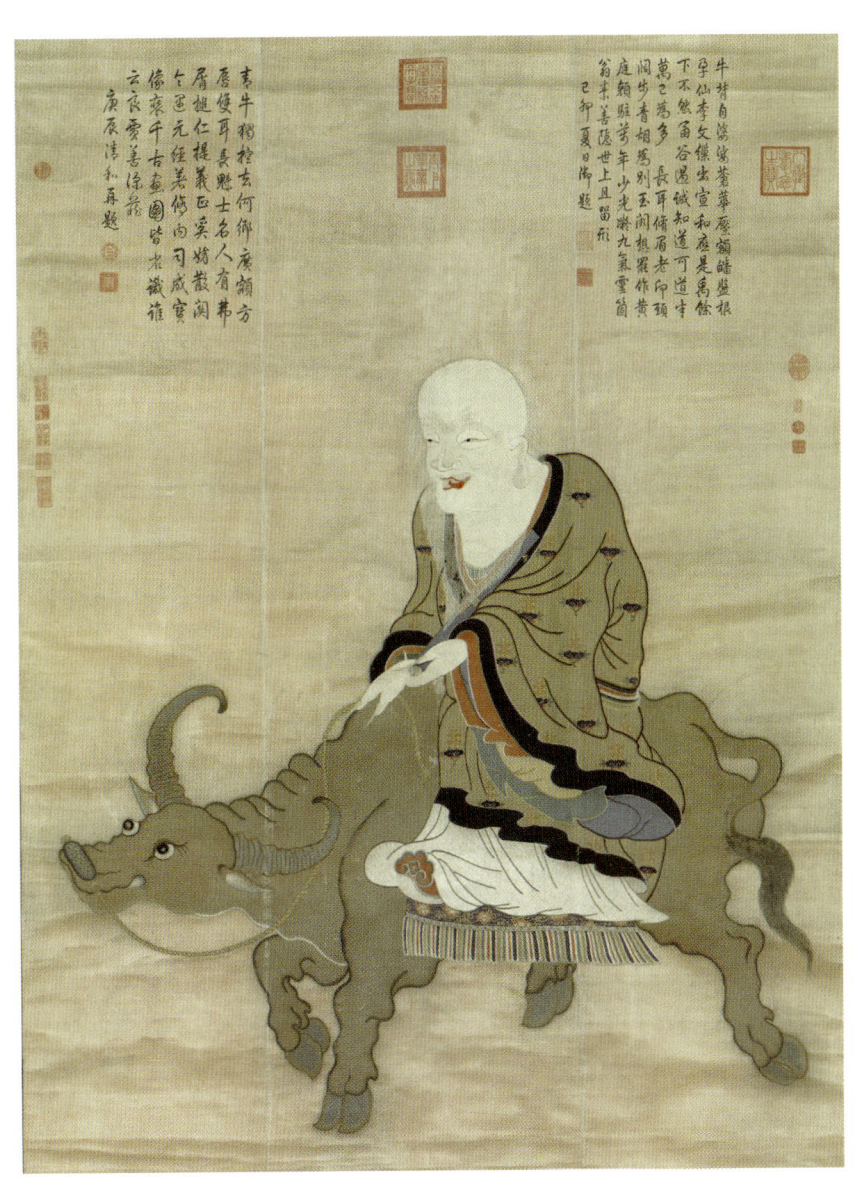

宋·佚名《绣老子像轴》　｜　台北故宫博物院

其誰之子象帝之先

天地不仁以萬物為芻狗聖人不仁以百姓為芻狗天地之間其猶橐籥乎虛而不屈動而愈出多言數窮不如守中

谷神不死是謂玄牝玄牝之門是謂天地根綿綿若存用之不勤

宋·佚名《缂丝青牛老子图轴》｜台北故宫博物院

老子

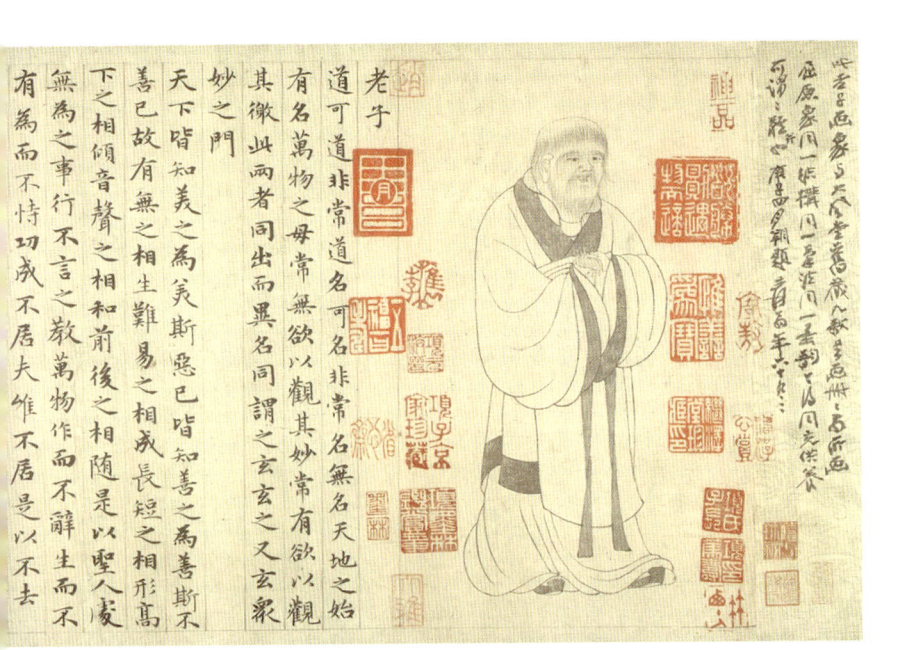

道可道非常道名可名非常名無名天地之始
有名萬物之母常無欲以觀其妙常有欲以觀
其徼此兩者同出而異名同謂之玄玄之又玄眾
妙之門
天下皆知美之為美斯惡已皆知善之為善斯不
善已故有無之相生難易之相成長短之相形高
下之相傾音聲之相和前後之相隨是以聖人處
無為之事行不言之教萬物作而不辭生而不
有為而不恃功成不居夫唯不居是以不去

元·赵孟頫《小楷道德经卷》(局部) | 故宫博物院

元·盛懋《李耳授经图》(局部) | 故宫博物院

元·华祖立《玄门十子图》(局部) | 上海博物馆

元·颜辉《老子骑牛图》
台北故宫博物院

明·佚名《伏生授经图（老子授道德经图）》 | 弗利尔美术馆

夫人神好清而心擾之人心好靜而慾牽之常能遣其慾而心自靜澄其心而神自清自然六慾不生三毒消滅所以不能者為心未澄慾未遣也能遣之者內觀其心心無其心外觀其形形無其形遠觀其物物無其物三者既悟唯見於空觀空亦空空無所空所空既無無無亦無無無既無湛然常寂寂無所寂慾豈能生慾既不生即是真靜真常應物真常得性常應常靜常清靜矣如此真靜漸入真道既入真道名為得道雖名得道實無所得為化眾生名為得道

明·张路《老子牛轴》｜台北宫博物院

明·文徵明《书画卷（老子像常清静经）》（局部） | 旅顺博物馆

明·唐寅《老子图》 | 大英博物馆

清·高其佩《牛背诵经图》 | 旅顺博物馆

· 函谷关关楼 ·

　　司马迁《史记·老子韩非列传》记载，老聃任"周守藏室之史"，他晚年过函谷关"著书上下篇，言道德之意五千余言而去"。函谷关始建于西周，因"关在谷中，深险如函"而得名。它是我国历史上建置最早的雄关要塞，今属河南省灵宝市。

· 函关古道 ·

　　函关古道位于今河南省灵宝市，因东大门为著名关隘函谷关而得名。全长十五华里，东自崤山，西至潼津，是古代崤函古道的一部分。

目 录

前　言 ………… 陈鼓应 001
道：万物的本原——《老子》导读
　　 ………… 陈鼓应 001
一　章 ………………… 001
二　章 ………………… 005
三　章 ………………… 010
四　章 ………………… 014
五　章 ………………… 017
六　章 ………………… 020
七　章 ………………… 023
八　章 ………………… 025
九　章 ………………… 028
十　章 ………………… 031
十一章 ………………… 034
十二章 ………………… 037
十三章 ………………… 040

十四章 043

十五章 047

十六章 051

十七章 055

十八章 058

十九章 061

二十章 064

二十一章 069

二十二章 073

二十三章 077

二十四章 080

二十五章 082

二十六章 086

二十七章 088

二十八章 092

二十九章 095

三十章 098

三十一章 101

三十二章 104

三十三章 107

三十四章 110

三十五章 112

三十六章 114

三十七章 118

三十八章 121

三十九章 125

四 十 章 129

四十一章 132

四十二章 136

四十三章 139

四十四章 141

四十五章 143

四十六章 146

四十七章 149

四十八章 152

四十九章 155

五 十 章 158

五十一章 161

五十二章 165

五十三章 168

五十四章 171

五十五章 175

五十六章 179

五十七章 182

五十八章 185

五十九章 188

六 十 章 191

六十一章 194

六十二章 197

六十三章 200

六十四章 203

六十五章 206

六十六章 209

六十七章 212

六十八章 215

六十九章 217

七 十 章 220

七十一章 223

七十二章 226

七十三章 229

七十四章 232

七十五章 234

七十六章 237

七十七章 240

七十八章 243

七十九章 246

八 十 章 249

八十一章 252

前言

一

我从上世纪60年代中期开始进入老庄研究的领域。1967年，台湾商务印书馆组织编写"古籍今注今译"系列丛书，我应邀编写其中《老子注译及评介》《庄子今注今译》两书，1970年完成《老子注译及评介》（后来又以《老子今注今译》为书名出版发行）。本书和《老子今注今译》依据的底本相同，都以中华书局据华亭张氏所刊王弼本为主。王本中有误字或错简的，根据其他古本或近代校诂学者的考订修正。

1973年，湖南长沙马王堆出土帛书《老子》两种。1993年，湖北荆门郭店又出土了三组竹简《老子》摘抄本，并于1998年汇编成册（由北京文物出版社印行）。同年5月，美国达慕斯大学举办国际研讨会,邀请全球三十余位老学专家及考古学者共同研讨竹简《老子》,并将其内容公布于世。我根据这些出土文献先后三次修订了《老子今注今译》。

郭店《老子》的出土,不仅打破了《老子》晚出说的谬误,也大大拓展了老学广阔的思想空间。比如郭店《老子》甲本开篇就说"绝伪弃诈,民复孝慈",而非通行本《老子》第十九章的"绝仁弃义,民复孝慈",其中并没有今本《老子》中所见的反儒倾向。关于孔、老在伦理政教议题上的互补与会通之处,我在本次修订的这个版本中进行了相关的论述。

二

本书历时近一年完成修订,在《老子注译及评介》(又名《老子今注今译》)的基础上进行精简,新增"导读"和"赏析与点评",拓展读者对于《老子》重要议题的理解。在此之前,借着香港中华书局"新视野中华经典文库"的出版契机,我曾于2012年在北京师范大学蒋丽梅副教授的协助下,完成《老子导读及译注》。那是我第一次进行《老子》注译的普及,这次的修订是在那一稿基础上的第二稿,先后由台湾中国文化大学陈佩君副教授、台湾政治大学许瑞娟博士和北京大学哲学系博士、北方工业大学讲师苗玥协助完成。今后,我计划陆续完成"三玄四典"的其他几本即《庄子》《易经》和《易传》的修订普及工作,希望更多地引领读者进入古典文献的领域。

最后,由衷感谢本书的责任编辑陈彦瑾女士,她为本书的写作体例与内容修订提供了大量宝贵的建议。苗玥博士根据这些建议,对本书进行了细致的修改,在此一并感谢。

陈鼓应

2022年1月7日

道：万物的本原
——《老子》导读

陈鼓应

一、老子其人其书

老聃，世人尊称为老子，一如尊称孔丘为孔子、墨翟为墨子（子为先生之义）。司马迁说："姓李氏，名耳。"这是汉人的说法。根据高亨先生考订，春秋年间并无李姓，但有老姓。老、李一音之转，老子原姓老，后以音同变为李。而耳、聃字义相近，故称作耳。总之，老聃被尊称为老子在先秦典籍中屡见，毋庸置疑。

老子是陈国人，后陈被楚灭，故称楚人。"楚苦县厉乡"，即后来的安徽亳州府，现在隶属于河南省鹿邑县。老子曾为周朝史官，《史记》称他为"周守藏室之史"。守藏史相当于国家图书馆馆长。司马迁说："孔子之所严事者，于周则老子，……于楚，老莱子。"(《史记·仲尼弟子列传》)孔子分别问学于老子与老莱子，都有著作传世，著书篇目各不相同("老子著书上下篇"，"老莱子亦楚人也，著书十五篇")。可见老子和老莱子并非同一人。

老子与孔子同时代，孔子生于鲁襄公二十二年（公元前551年），老子约生于公元前570年左右，比孔子年长二十岁上下。《史记》记载"孔子问礼于老子"之事，当属史实。先秦典籍如《庄子》《吕氏春秋》及《礼记·曾子问》等不同典籍都曾提及此事。

《吕氏春秋·当染》说："孔子学于老聃。"老子和孔子的关系亦师亦友，在多种文献记载中值得我们留意的有这几点：

一、同源异流：老子与孔子同是殷周文化的继承者与创新者。同源中的异流则是孔子为中国文化史上继往开来的第一人，其"有教无类""诲人不倦"的精神，更使他成为教育史上的万世师表；老子则是中国哲学的开创者，他所建构的道论，不仅发先秦诸子所未发，更成为中国古典哲学的主干。

二、文化与哲学的对话：文化的孔子与哲学的老子进行对话，二人谈论的细节虽不得而知，但从各书记载中可以窥知孔子的问题属于文化层面（礼）；而老子的解答则总会从文化的议题引向哲学层面（道）。故孔、老间的对话就是属于文化与哲学的对话。

三、对话的开放心态：儒、道开创人首次的对话，彼此学术间的立场与观点虽异，而对话的心态则是真挚而开放的。这和后来孟子攻击杨、墨，以及宋明儒者为了维护道统而排斥佛、老的狭隘心态相较，真有天壤之别。故孔、老之间的对话诚为思想史上令人神往的一个开端。

老子是中国哲学的开山祖，老聃自著的《老子》是先秦哲学中最早的一本哲学著作。《史记》明确记载老子"著书上下篇，言道德之意，五千余言"。司马迁这里所说老子著书的篇目、主旨和字数，都与通行本《老子》相吻合。1993年，湖北荆门郭店村出土竹简《老子》，这是继1973年湖南长沙马王堆乡出土帛书《老子》以来，出土年代最早的《老子》抄本，其下葬时间约在公元前4世纪末（战国中期）。考虑到文本的撰写和传抄时间都要早于公元前4世纪末（战国中期），我们说，郭店《老子》的问世有力地推翻了《老子》晚出说的谬误。

陈楚文化圈是孕育老子思想的原乡，中年以后他入朝任史官，长期沉浸在中原文化的核心地带。他长于思索宇宙的奥秘及人生的哲理，在孔子到周室拜访他时，他已是当时学术界的泰斗。随着他那精简而深刻的著作流传各地，我们从先秦典籍广泛引用《老子》书中重要概念与文句这一现象，可以证实它成书之早与影响之广。如《论语·宪问》引用《老子·六十三章》的"报怨以德"说:"或曰:'以德报怨,何如?'"其后,《墨子》引用《老子》观念与文句约十条,《管子》引用《老子》观念与文句多达三十一条,《庄子》引用《老子》观念与文句多达一百二十二条,《荀子》引用《老子》观念与文句十三条,《韩非子》引用《老子》观念与文句达七十二条,《吕氏春秋》引用《老子》观念与文句多达二十九条。由此可见,《老子》思想对道儒墨法各家各派影响的广远。

二、老子思想概要

林语堂在他的英文著作《老子的智慧》(*The Wisdom of Laotse*)中说:"孔子的学说过于崇尚现实,太缺乏想象的意涵。""孔子的哲学是维护传统秩序的哲学,主要处理的是平凡世界中的伦常关系,不但不令人激奋,反易磨损一个人对精神方面的渴求,以及幻想驰奔的本性。"这里隐约道出儒家是透过社会规范的建立,以提高人的道德价值;道家是透过哲学精神的建立,以提升人的心灵境界。林语堂又说:"儒道两家的差别,在公元前136年,汉武帝独尊儒术后,被明显地划分出来:官吏尊孔,作家与诗人则欣赏老庄。"这里指出汉以后,儒道分途:儒家在中国政治社会中成为显文化及官方哲学,而道家则成为潜文化及民间哲学。

陈荣捷在他的英文著作《中国哲学文献选编》(*A Source Book in Chinese Philosophy*）中说："假如没有《老子》这本书的话，中国文化与中国人的性格将会截然不同。……假如不能真正领会这本小书里的玄妙哲思，我们就不能期望他可以理解中国的哲学、宗教、政治、艺术和医药。"又说："在某些层面，道家进入生命之道更深更远，所以虽然古代的诸子百家都各道其道，但道家却得独享其名。"

进入老子的思想领域，让我们先从他的"道"谈起——

（一）可道之道与不可道之道

道不仅是中国文化的象征，也是中国哲学的最高范畴。而第一位将道视为最高范畴的哲学家就是老子。《老子》第一章便指明道是天地万物之始源：

> 道可道，非常道；名可名，非常名。无，名天地之始；有，名万物之母。

老子是第一个将道提升至形而上地位的哲学家，他认为一切万物皆由道所出，甚至连天地都由道而来。但是道一开始并非具有形而上意味，因此我们有必要先说明道的原义及其如何转化到形而上的道。

道这个象形文字就具有特殊的意涵。道从"首"从"走",象征着人从四肢落地的动物群中抬起头来,当人类昂首挺立开始活动,便在天地间创造出一部辉煌的历史。所以在道的字源中,就隐含着行走的意象与创造的意义,所以老庄说"道行之而成",又说道创生万物("道生之")。

道的字义由行走、运行引申出秩序、方法、规准、法则等意涵。这些重要意涵,为老子之前的思想家及老子之后的战国诸子所共同使用,并各自赋予特殊的内涵。自殷周以降,人们探索日月星辰等天象运行的规律,称作天道;建立人类社会行为的规范,叫作人道。各家的关注有所不同,如孔子"罕言天道"而用心于人道;老子则不仅由天道而彰显人道,而且进一步将天道与人道均统摄于其形而上之道中。

老子是第一个提出形而上之道的概念和理论的哲学家。老子之前的思想家都只思考形而下的存在问题,也就是只探讨现实世界(亦称现象界或经验界)的问题。一切形而下的事物都有名字,都可以命名(所谓"物固有形,形固有名"),老子却指出,除了可以命名的("可道之道")之外,还有超乎形象的形而上存在。这形而上的存在是现象界万物之所由来,称之为道。

人不是一个无头无根的存在,老子的哲学正是要探究人之存在的源头与根由,并试图在纷纭的万物中寻找其活动的法则以及始源。当我们读到前面引用的《老子》第一章文句时，就将人们的思考从常识世界带入另一个新天地。

《老子》书上不只提出万物本原（"天地之始""万物之母"）的问题，还提出宇宙生成的问题（如四十二章谓"道生一，一生二，二生三，三生万物"），并提出宇宙变动历程的问题（如四十章谓"反者道之动"，二十五章谓"周行而不殆，……大曰逝，逝曰远，远曰反"）。

作为万物本原和本根的道是无形、无限性的，因此老子简称它为无；它是实存而且万物都由它创生，所以又称之为有，《老子》第一章的"无""有"乃异名同谓，指称形而上道体的两个面向。

每个哲学家都有他的一套理论预设，老子的道便是为现实世界提供一套合理的理论说明而创构的。老子除了在形而上学的领域肯定道是万物的本原和本根之外，他还赋予道几层重要的意涵：

一、道为万有生命的泉源。老子认为万物都由道所创生（如五十一章谓"道生之，德畜之"），所以庄子称它为"生生者"（《庄子·大宗师》），称赞大道神奇的"刻雕众形"，天地间各类品物万种风情，使宇宙宛如一个无尽藏的艺术宝库。

二、道为一切存在之大全。老子说"万物得一以生"（三十九章），这里以"一"喻道（《韩非子·扬权》说"道无双，故曰一"）。

其后庄子以"一"指宇宙整体、一切存在之大全。老庄视宇宙为有机的统一体，庄子说"道通为一"(《庄子·齐物论》)，即视宇宙为无数个体生命关系之反映，而生命的每个方面在整体宇宙中都是彼此相互依存、相互汇通的。

三、道为大化流行之历程。老子认为道体是恒动的(四十章谓"反者道之动")；道的存在是广大无边的，道的运行是周流不息的(二十五章谓"周行而不殆")。老子用"逝""远""反"，来形容道在宇宙大化发育流行中依循着终而后始法则运转的无穷历程。

四、道为精神生命之最高境界。老子说过这样一句令人瞩目的话："为学日益，为道日损。"(四十八章)这是说对外在世界探讨所得的知识，越累积越增多；对道的体会越深，主观成见和私心就会越来越减少。这里所说的"为道"是属于精神境界的修养；在人生境界的修养上，老子提到要"挫锐""解纷"，消除自我的固蔽，化除人群的隔阂，从亲疏贵贱的差别的层次，提升到"和光""同尘"的"玄同"境界(参见五十六章)。老子的"玄同"之境为庄子所弘扬，而将形而上之道作为提高人类精神生命和思想生命的最高指标。

(二)有无相生

《老子》第二章开头的一段话，讨论到现象世界事物之间相互对立、相互关联以及价值判断相对性的问题：

> 天下皆知美之为美，斯恶已；皆知善之为善，斯不善已。
>
> 有无相生，难易相成，长短相形，高下相盈，音声相和，前后相随。

这是说没有美，就不会有丑（"恶"）；没有善，就不会有不善。同理，老子认为没有"有"，就无所谓"无"；没有"难"，就无所谓"易"；没有"长"，就无所谓"短"。我们以"有无相生"这一重要哲学命题为代表，来论述老子对现象世界的一些洞见：

一、事物存在的相互依存。老子看到一切事物都有它的对立面：事物有显的一面，也有隐的一面；有其表层结构，也有其深层结构。因而观察事象不能流于片面，思考问题不可出于单边。老子说："三十辐共一毂，当其无，有车之用。……故有之以为利，无之以为用。"（十一章）一般人只看到事物的显相（"有"），而没有看到事物的隐相（"无"），事实上"有""无"是相互补充而共同发挥作用的。

二、事物对立面的相互转化。老子认识到事物的对立面不是一成不变的，它们经常相互转化。他说正常能转化为反常，善良能转化为妖孽（五十八章："正复为奇，善复为妖"）；又说委曲反能全，屈枉反能伸直，低下反能充满，敝旧反能更新，少取反能多得，贪多反而迷惑（二十二章："曲则全，枉则直，洼则盈，敝则新，少则得，多则惑"）。用这道理来看人生和社会，恰恰栩栩如生地呈现出如此情景。

三、事物相反而皆相成。老子说"祸兮，福之所倚；福兮，祸之所伏"（五十八章），表明对立面双方的联系性。老子系统地揭示出事物的存在是相互依存的，而不是孤立的。如有无、美丑、动静、阴阳、损益、刚柔、强弱、正反等等，都是对反而立又相互蕴涵。老子说："万物负阴而抱阳，冲气以为和。"（四十二章）在老子相反相成的辩证思想中，"阴阳冲和"和"有无相生"是两个最具代表性的命题。

逆向思维是老子辩证法中另一个特殊的思想方式。老子说"正言若反"，这是说合于真理的话却与俗情相反。《老子》整本书所表达的都切合于道的正言，但乍听时好像在说反面的话。

（三）为无为

"无为"的概念是老子逆向思维的一个范例。在《老子》书中，"无为"这个特殊用词几乎都是针对统治者而发的。老子期望掌握权势的在位者不妄为、"弗独为"（《鹖冠子·道端》），要"以百姓心为心"（四十九章）。其后庄子学派更将老子告诫统治者勿专权、毋滥权的无为理念，延伸为放任思想和不干涉主义。

老子说"无为"，又提出"为无为"（三章）。像"为无为"这类正反结合的语词所蕴含的深意，屡见于《老》书，如谓："生而不有，为而不恃，长而不宰。"（十章、五十一章）英国的罗素（Bertrand Russell）就很欣赏老子这些话，认为人类有两种意志：创造的意志和占有的意志，老子便是要人发挥创造的动力而收敛占有的冲动，"生而不有，为而不恃"正是这层意思。老子还说"为而不争"（八十一章），也与"为无为"同义，要治理阶层以服务大众（"为人""与人"）为志，而不与民争权夺利。

（四）道法自然

人们一提起老子，就会想到他自然无为的主张。简言之，这主张就是听任事物自然发展。"自然"是老子的核心观念，乃是"自己如此"的意思，不是指具体存在的自然界（天地），而是形容自己如此的一种情状。《老子》第二十五章有这样一段重要的话：

故道大，天大，地大，人亦大。域中有四大，而人居其一焉。

人法地，地法天，天法道，道法自然。

这里的引文分两段来讨论，前段是在提升人的地位，后段则在申说"道法自然"的意涵。老子把人列为"四大"之一，如此突出人在宇宙中的地位，这在古代思想史上是首次出现。

老子说："死而不亡者寿。"（三十三章）这当指人的思想生命与精神生命之传承延续而言。老子将人的地位如此高扬，为历代道家所承继，庄子对生命境界尤多发挥。老子在提升人的地位之后，接着讲人之所以为贵，在于他能法天地之道，使他成为一个不断把外界存在的特性内化为自己本质的过程。

人能成为"四大"之一，在于他能不断地充实自己、拓展自己，他能从外在环境中吸取经验知识以内化为自己的智能。老子谓人法天地，便是意指人效法天地之清宁，效法天地之高远厚重，进而效法道的自然性。

道的一个重要特性便是自然性。所谓"道法自然"，正是河上公注所说的"道性自然"。即谓道以它自己的状态为依据。而道性自然即是彰显道的自发性、自为性。所谓人法道的自然性，实即发挥人内在本有的自主性、自由性。

道性自然以及人从道那里获得自身的自然性，这学说有它特殊的意义：道也者，自由国度。人法其自性，则人处于自由自在的精神乐园。

（五）柔弱胜刚强

《吕氏春秋》论及诸子学说特点时，强调"老聃贵柔"(《吕氏春秋·不二》)。"柔弱"是"无为"的一种表述。老子之所以倡导柔弱的作用，是鉴于人类行为自是、自专而失之刚暴，权势阶层犹然。

老子生当乱世，他一方面从人性的正面处去提升人的精神层次，另方面从人性的负面处去洞察社会动乱的根源。人类所以胜出别的动物，在于他能从学习中累积经验以改善自身，并协合同群改造环境。但人类也比其他动物更为狡诈，更多心机；别种动物不知设计同类、不会陷害同类，更没有本事发明器械去猎杀异类。尼采说："人类是病得很深的一种动物。"一旦主政者权力运用不当，就会发动侵略战争而导致大规模杀戮。这正是老子"无为"学说谆谆告诫主政者不可揽权、滥权的用心，也正是老子谆谆告诫主政者要"不争"、"柔弱"、处下、谦虚为怀的用意。

老子喜欢用水来比喻理想的统治者表现出柔弱不争及处下的美德：

"上善若水。水善利万物而不争，处众人之所恶，故几于道。"（八章）

"大邦者下流，……大者宜为下。"（六十一章）

"江海之所以能为百谷王者，以其善下之。"（六十六章）

这些话虽然出自老子对他所处那个时代的感发，但更像是说给历代那些权力傲慢的霸主听的。

老子对穷兵黩武者不断发出警告："兵者，不祥之器，……夫乐杀人者，则不可得志于天下矣。"（三十一章）"坚强者死之徒，柔弱者生之徒。"（七十六章）老子的贵柔之道，无论用在治身或治国，都有益于人群。老子所说的柔弱，并不是软弱不举，而是含有柔韧坚忍的意味，不失为东方智慧所发出的人间天籁之音。

一章

[导读]

整章都在写一个"道"字。

"道可道,非常道",为全书首句。在这发人深省的语句中,三个"道"字在不同的语境下有着不同的意涵,而彼此之间又具有内在的联系性。第一个"道"包含了天道与人道,第二个"道"指的是语言的表达功能,第三个"常道"的"道",探讨的是哲学中世界从何而来的问题,这在中国哲学史上是第一次出现。这个道是形而上的实存之道,是老子哲学的最高范畴,也成为中国哲学史上的最高范畴。它一方面具有不可言说性,即不可概念化;另一方面,又是天地万物的根源和始源。

第二段说:"无,名天地之始;有,名万物之母。"老子以"无"

来描述道体的无限性,以"有"形容道体的实存性;"无""有"皆为道体的本根属性,呈现道体的两个面向,此即文中所谓"此两者,同出而异名"。

"道"字在《老子》书中出现七十余次,其中,集中探讨形而上道体和道物关系的篇章见于第一、四、六、十四、二十一、二十五、四十、四十二等。"无""有"的概念在《老子》书中出现四次,意义与层次不同:在第一章和四十章是本体界层次的概念,在第二章和十一章则为现象界层次的概念。

道可道,非常道[1];名可名,非常名[2]。

无,名天地之始;有,名万物之母[3]。

故常无,欲以观其妙;常有,欲以观其徼[4]。

此两者,同出而异名,同谓之玄[5]。玄之又玄,众妙之门[6]。

[注释]

[1] 常道:指永存之道。

[2] 名可名,非常名:第一个"名"指具体事物的名称;第二个"名"作动词,是称谓的意思;第三个"名"是老子特用术语,是称道之名。

[3] 无,名天地之始;有,名万物之母:"无"是天地的本始,"有"

是万物的根源。此句句读一作"无名,天地之始;有名,万物之母"。

〔4〕妙:奥妙。徼(jiào):边际。此句句读一作"故常无欲,以观其妙;常有欲,以观其徼"。

〔5〕玄:幽昧深远的意思。

〔6〕众妙之门:一切奥妙的门径,即指道。

[译文]

可以用言词表达的道,就不是常道;可以用文字表述的名,就不是常名。

无,是形成天地的本始;有,是创生万物的根源。

所以常从无中,去观照道的奥妙;常从有中,去观照道的端倪。

无和有这两者,同一来源而不同名称,都可以说是很幽深的。幽深又幽深,是一切奥妙的门径。

[赏析与点评]

中、西哲学史都以探讨天地万物的本原为开端。古希腊哲学家泰勒斯(Thales)以"水"这个具体物质作为宇宙本原,说"水是万物的本原"("Water is the arche"),这是西方哲学的开端；老子以"道"这个抽象概念作为万物本原，成为中国哲学的创始者。

在人类文明的轴心时期，中国诞生了两位重要的思想家，一位是老子，一位是孔子。德国学者雅斯贝尔斯（Karl Jaspers）在《大哲学家》（*Die grossen Philosophen*）一书中注意到这一点，他将孔子归入"思想范式的创造者"的序列，将老子归入"原创性形而上学家"的序列。在谈论老子思想的独特性时，他特别指出："老子的伟大是同中国的精神结合在一起的"，"跟人类社会上所有最伟大的哲学家一样，老子并没有把自己的思想囿于已知的事物上，而是从统摄中捕捉着思考的源泉"，"老子的道乃是在超越了所有有限性时达到最深层次的宁静，而有限本身，只要它们是真实的、现时的，也都充满着道。这一哲学思考便活在了世间，进入了世界的根源之中"。

二章

[导读]

　　第一章谈论宇宙本原的形而上问题，第二章落到现象界及人文世界的理想建构。本章分成两个部分，前半部谈论相反相成的辩证思维，后半部论述圣人的无为之治。

　　前半部又可分为两段：第一段从美学的美与丑、伦理学的善与恶之相对概念谈起，指出价值判断的相对性。第二段接着论述人世间的诸多相互对反的概念，如有无、难易、长短、高下、前后等。其中"有无相生"是一个典型的范式，以第十一章有无关系为例，"有之以为利，无之以为用"，有无之间相反对立又相互补充，老子于此说明了概念事物的相对性与辩证关系。

　　后半部老子首次论及圣人治国的理念："处无为之事，行不言之教"，以顺任人性自然的态度来处理政务，以潜移默化的方式来教导民众。"圣人"在《论语》出现四次，在《老子》出现三十次，是孔子与老子对于理想政治人物形象的寄托。虽侧重点有所不同，但孔、老都透过对"圣人"形象的描绘建构各有特色的治国理念，展现出高度的人本思想与人文情怀。

天下皆知美之为美，斯恶[1]已；皆知善之为善，斯不善已。

有无[2]相生，难易相成，长短相形[3]，高下相盈[4]，音声相和[5]，前后相随。

是以圣人[6]处无为[7]之事，行不言之教[8]；万物作而不为始[9]，生而不有，为而不恃，功成而弗居。夫唯弗居，是以不去。

[注释]

[1] 恶：指丑。此句中老子的原意不在于说明美的东西变成丑，而在于说明有了美的观念，丑的观念也同时产生了，下句"皆知善之为善，斯不善已"及后面"有无相生"等六句，都在于说明观念的对立形成，并且在对立关系中彰显出来。

[2] 有无：指现象界事物的显或隐而言，与十一章"有之以为利，

无之以为用"的"有""无"同义，但与第一章喻本体界之道体的"有""无"不同。通行本此句前有"故"字，据楚简本和帛书本删去。

〔3〕 形：通行本作"较"，据帛书本、河上公本、傅奕本改正。

〔4〕 盈：呈现，通行本作"倾"，据帛书本改正。

〔5〕 音声相和：乐器的音响和人的声音互相调和。

〔6〕 圣人：有道之人，是道家最高的理想人物。道家的圣人体任自然，拓展内在的生命境界，扬弃一切影响身心自由活动的束缚。

〔7〕 无为：不干扰，不妄为。

〔8〕 不言之教：指潜移默化地引导，而不是形式条规地督教。言，指政教号令。不言，不发号施令，不用政令。

〔9〕 万物作而不为始：指对万物不加干涉，通行本作"万物作焉而不辞"，据帛书乙本、傅奕本、敦煌本改正。

[译文]

天下都知道美之所以为美，丑的观念也就产生了；都知道善之所以为善，不善的观念也就产生了。

有和无互相生成，难和易互相促就，长与短互为显示，高和下互为呈现，音和声彼此应和，前和后连接相随。

所以有道的人以无为的态度来处理世事，实行"不言"的教导；万物兴起而不加主宰，生养万物而不据为己有，化育万物而不自恃己能,功业成就而不自我夸耀。正因他不自我夸耀,所以他的功绩不会泯没。

[赏析与点评]

一、老子"无为"的特殊意涵:"无为"是老子哲学的重要概念,和"自然"的价值是相联系的。一般学者常误以"无所作为"来看待老子的无为。实际上,老子的无为是"毋妄为"的意思,旨在晓喻统治者不要过度干预,而以顺任民情、民意、民性的方式来处理政务。

二、老子"无为"与古代典籍的内在联系:老子作为周王室的史官,通晓群书,古代典籍对老子思想多有启发。例如,老子"无为"这一特殊概念,就受到了《诗经》与《周易》的影响。

"无为"一词在《诗经》出现了五次,大抵是"无事自在"的意思。王博教授注意到老子对《诗经》"无为"一词的发展,他说:"'无为'在《老子》中作为一个哲学范畴,与在《诗经》中的意义是不同的,但是其间的联系也是显而易见的。如老子的'无为'经常和'无事'并称,具有'清静'之义,四十八章说:'无为而无不为。取天下常以无事,及其有事,不足以取天下。'五十七章说:'我无为,而民自化;我好静,而民自正；我无事，而民自富。'四十五章说：'清静为天下正。'这和《诗经》中'无为'具有'清闲自在'的意思是一致的。"（《老子思想的史官特色》）

"无为"的"毋妄为"意涵，则可以上溯到《易经》，无妄卦中已经隐含了无为与自然关联的思想线索。易学家唐明邦说："'无妄'告诉人们一条重要哲理：行为必须合乎自然法则，不可违背自然法则而妄为。坚持'无妄'，就可以得到'元、亨、利、贞'的结果；背离'无妄'而滑向'匪正'，必有'灾眚'。启示遵循客观规律的极端重要性。《老子》说：'知常明'，'不知常，妄作凶'。要避免'妄作'，必须首先'知常'，即掌握客观规律。'不知常'而'妄作'，必招致凶祸。《老子》这一深刻思想，盖发挥《易》之'无妄'。"（《周易评注》）

三章

[导读]

本章接续上一章,更为具体地谈论圣人之治的问题。第一段从圣人的修身谈治国的根本,圣人不炫示自己的贤能,不珍视难得的货利,不显露自身的贪欲,才能对人民起到移风易俗的作用。

第二段论述圣人之治的具体内容,从上位者到百姓,都能做到心胸开阔、生活安饱、意志柔韧、体魄健壮,在"虚实相涵"间描绘出一幅身心康健的理想社会景象。这是圣人由"无为"的治身之道向"为无为"的治国之道的扩展。

不尚贤[1],使民不争[2];不贵难得之货,使民不为盗;不见可欲[3],使民心不乱。

是以圣人之治，虚其心[4]，实其腹，弱[5]其志，强其骨。常使民无知无欲[6]，使夫智者不敢为也[7]。为无为[8]，则无不治。

[注释]

〔1〕尚贤：炫示才能。

〔2〕不争：指不争功名，返归自然。

〔3〕可欲：多欲之意。

〔4〕虚其心：使人的心灵开阔。

〔5〕弱：与虚一样，是老学特有用词，具有正面和肯定的意义，指心志的柔韧。

〔6〕无知无欲：没有伪诈的心智，没有争盗的欲念。

〔7〕使夫智者不敢为也：使自作聪明的人不敢多事。

〔8〕为无为：以无为的方式去做，即以顺应自然的态度去处理事务。

[译文]

在上位者不炫示自己的才能，使民众不起争心；不珍视难得的财货，使民众不起盗心；不显耀可贪的事物，使民众不被惑乱。

所以有道的人治理政事,要使人心灵开阔,生活安饱,意志柔韧,体魄强健。常使民众没有伪诈的心智,没有争盗的欲念,使一些自作聪明的人不敢妄为。依照无为的原则去处理事务,就没有不上轨道的。

[赏析与点评]

本章的"虚"有辽阔、开朗之意。"虚其心"指教人心胸开阔,"虚"是修养与认识方法上的重要功夫,与老子在形而上学的层面讲的"无"体用一贯。

总体上看,这个与"无"体用一贯的"虚"的概念,在《老子》书中又涉及以下三个方面:

第一,道体的虚,如第四章的"道冲"和第六章的"谷神",其义为"道虚",谈的是道体本身虚空无形的特质。

第二,天地的虚,如第五章以"橐籥"(风箱)来说明空间的辽阔。

第三,心灵的虚,如十六章的"致虚极,守静笃。万物并作,吾以观复",描述主体透过修养功夫所达到的开阔的心灵境界,这一排除了主观情欲与知见的澄明状态,同时正是认识"道"的路径。

此外,老子"虚"的概念对儒、道两家都有启发。例如稷下道家作品《管子·心术上》的"虚无形谓之道",直接以"虚"来描述道体的无形与无限性。又如《庄子·人间世》的"虚室生白",透过虚心的修养功夫才能认识道,从而放出智慧的光芒。这也影响了《荀子·解蔽》提出的"虚壹而静,谓之大清明",即唯有排除主观情欲干扰的清澈心灵,才能形成对事物的客观认识。

"虚其心,实其腹"语句中的"虚""实"相对,更成为中国哲学的一对基本范畴,并发展出"虚实相涵"的重要命题。如《黄帝四经·道原》所说"知虚之实,后能大虚";此后,经过魏晋、宋明的发展,至清代王夫之提出"实不窒虚""虚之皆实"(《思问录·内篇》)的观点,更具体地说明虚实交互为用的辩证关系。受其影响,中国古典美学也强调艺术作品要"实以引虚""虚中孕实"才能引人入胜。

四章

[导读]

  本章重点有二：一是谈道的体、用问题，二是指出道为万物的宗主。

  本章提出作为宇宙本原的道虽是虚状的，但其作用却是无穷的。这虚状的道体是万物的根源，此虚并不是一无所有，而是含藏着无尽的创造因子。

  道冲[1]，而用之或不盈[2]。渊兮，似万物之宗；挫其锐，解其纷，和其光，同其尘[3]。湛[4]兮，似或存。吾不知谁之子，象帝之先[5]。

[注释]

〔1〕冲：古字为"盅"，虚之意。

〔2〕不盈：不满。

〔3〕这四句疑是五十六章错简重出。上"渊兮"句与下"湛兮"句正相对文。

〔4〕湛：深，沉，形容道的隐而未形。

〔5〕象帝之先：道似在天帝之前，指道先天地生。

[译文]

道体是虚空的，然而作用却是无穷的。渊深啊！它好像是万物的宗主；幽隐啊！似亡而又实存。

我不知道它是从哪里产生的，像是天帝之前就已存在。

[赏析与点评]

第一句"道冲，而用之或不盈"谈的是道的体、用问题。陈荣捷先生早年向西方世界介绍中国哲学时，已经注意到这一点，他说："此章显示道家思想里面，'用'的重要性不下于'体'。在《老子》第十四、二十一章，对'体'有更详细的叙述；此处以及第十一、四十五章，则可以看出对'用'同样地注重。佛教某些宗派有毁弃现象的观点，在此是看不见的。"（《中国哲学文献选编》第七章《老子的自然之道》）

五章

[导读]

本章第一段，老子由"天地不仁"谈到"圣人不仁"，展现出推天道以明人事的思维原则。"不仁"为不偏私之意，圣人治国应效法天地无偏无私的精神，这是老子无为思想在政治论上的引申。

第二段老子用风箱来比喻天地之间是一个虚空的状态。虽然是虚状的，但它的作用却是无穷的，这和第四章对道体的说法一样，这个"虚"蕴含了无尽的创造因子。

第三段老子指出执政者的政令烦苛（"多言"），可谓是"无为"的反面，如此强作妄为将导致败亡的后果，这是老子对于扰民之政所提出的警告。

天地不仁[1]，以万物为刍狗[2]；圣人不仁[3]，以百姓为刍狗。

天地之间，其犹橐[4]乎？虚而不屈[5]，动而愈出。多言数穷[6]，不如守中[7]。

[注释]

[1] 天地不仁：天地无所偏爱。指天地只是物理、自然的存在，并不具有人类的感情，万物在天地间依循着自然的法则运行着。

[2] 刍狗：用草扎成的狗，祭祀时使用。

[3] 圣人不仁：圣人无所偏爱，指圣人取法于天地之纯任自然。

[4] 橐（tuó）籥（yuè）：风箱。

[5] 不屈：不竭。

[6] 多言：指政令繁多。言，指声教法令。数：通"速"。

[7] 守中:持守中虚。道家重视"中"的思想，如庄子讲"养中"，马王堆帛书《黄帝四经》讲"平衡"。

[译文]

天地无所偏爱，任凭万物自然生长；圣人无所偏爱，任凭百姓自己发展。

天地之间，岂不像个风箱吗？空虚但不会穷竭，发动起来而生生不息。

政令烦苛反而加速败亡，不如持守虚静。

[赏析与点评]

"天地不仁"是就天地的无私、无为来说的。以前的人，总以为日月星辰、山河大地都有个主宰者凌驾于其上，并且把周遭的一切自然现象都视作有生命的东西，常以自己的影像去认识自然、附会自然。人类将一己的愿望投射出去，人格化自然界，因而以为自然界对人类有一种特别的关心和爱意。老子不采用这种拟人论的说法，强调天地间万物自然生长，并以此说明统治者需效法自然的规律，任凭百姓自我发展。"天地不仁"是老子"无为"思想的引申。

本章也论及老子的"守中"思想。儒、道皆言"中"，儒家之"中"乃不偏不倚之"中"，道家之"中"则为中心、由衷之意，老子的"守中"、庄子的"养中"，谈的是持守平衡心境的修养功夫。

六章

[导读]

本章用"谷""神""玄牝之门""天地根"来形容和描述形而上之道,"谷"象征道体的虚状,"神"比喻道生万物的绵延不绝,"玄牝之门""天地根"说明道是产生天地万物的根源,"绵绵若存,用之不勤"说明道体孕育万物而生生不息。

谷神不死[1],是谓玄牝[2]。玄牝之门,是谓天地根。绵绵若存[3],用之不勤[4]。

[注释]

[1] 谷:形容虚空。神:形容不测的变化。不死:比喻变化的不停歇。

〔2〕 玄牝：微妙的母性，指天地万物的根源。玄，幽深不测。牝（pìn），生殖。整句形容道生殖天下万物，整个创生的过程却没有一丝形迹可寻。

〔3〕 绵绵若存：永续不绝。

〔4〕 不勤：不劳倦，不穷竭。

[译文]

虚空的变化是永不停歇的，这就是微妙的母性。微妙的母性之门，是天地的根源。它连绵不绝地永存着，作用无穷无尽。

[赏析与点评]

老子在第一章说"无，名天地之始；有，名万物之母"，指出道乃天地万物的根源；在第四章谈道的体、用问题；于本章进一步以"母""玄牝"形容道体生化万物的功能与作用。

"牝"字五见于《老子》。本章以"玄牝"形容道体生殖天下万物的微妙，六十一章"牝常以静胜牡"则探讨母性原则在修身治国上的重要性。

老子之言"玄牝"，从天地万物的根源谈到治身治国之根本，从形而上学下贯至人生论与政治论。老子以母子关系来比喻道物关系，说明本体与现象之间并非割裂，而是体用不二的关系。

七章

[导读]

老子从天地的运作不为自己来论证圣人之治,老子理想中的统治者必须要懂得谦退之理。

天长地久。天地所以能长且久者,以其不自生[1],故能长生[2]。

是以圣人后其身而身先[3],外其身而身存。非以其无私邪?故能成其私[4]。

[注释]

〔1〕 以其不自生:指天地的运作不为自己。

〔2〕 长生：长久。

〔3〕 后其身而身先：把自身放在后面，反而能得到大家的爱戴。

〔4〕 成其私：成就自己。

[译文]

　　天地长久。天地所以能够长久，乃是因为它们的一切运作都不为自己，所以能够长久。

　　所以有道的人把自己放在后面，反而能赢得爱戴；将自己置之度外，反而能保全生命。这难道不正是由于他们不自私吗？这样反而能成就自己。

[赏析与点评]

　　老子用天地的运作不为自己来比喻圣人的行为没有贪私的心念。在其位的人，机会来得最方便，往往情不自禁地想伸展一己的占有欲。老子理想中的统治者却能"后其身""外其身"，不把自己的意欲摆在前头，不以自己的利害作优先考虑。这是一种了不起的谦退精神。这种人，正是由于他处处为百姓着想，反而能够成就他的理想。

八章

[导读]

  本章用水性来比喻上德者的人格。水最显著的特性和作用是：一、柔；二、停留在卑下的地方；三、滋润万物而不与之相争。

  老子认为最完善的人格也具有这种心态与行为，即"处众人之所恶"，别人不愿去的地方，他愿意去；别人不愿意做的事，他愿意做。他具有骆驼般的精神，坚忍负重，居卑忍辱。他尽其所能地贡献自己的力量去帮助别人，但不和别人争功争名争利，这就是老子"善利万物而不争"的思想。

  上善若水[1]。水善利万物而不争，处众人之所恶，故几[2]于道。

居善地，心善渊[3]，与[4]善仁，言善信，政善治[5]，事善能，动善时[6]。

夫唯不争，故无尤[7]。

[注释]

[1] 上善若水：上善之人，具有水的品性。

[2] 几：近。

[3] 渊：形容沉静。

[4] 与：指和别人相交相接。

[5] 政善治：通行本作"正善治"，据傅奕本改正。

[6] 动善时：行动善于把握时机。

[7] 尤：怨咎。

[译文]

上善之人具有水的品性。水善于滋润万物而不和万物相争，停留在大家所厌恶的地方，所以最接近于道。

居处善于选择地方，心思善于保持沉静，待人善于真诚相爱，说话善于遵守信用，为政善于精简处理，处事善于发挥所长，行动善于掌握时机。

正因为有不争的美德,所以没有怨咎。

[赏析与点评]

"上善若水",河上公注为"上善之人,如水之性"。水是世界各大文明共通的一个重要元素,水柔顺、处下、利万物而不争的特性为老子所重视,视之为人们应当追寻的完善的人格。

"居善地,心善渊,与善仁,言善信,政善治,事善能,动善时"这七个警句,涉及人伦和政事。一方面,老子所谓道,不只停留在形而上的层面,还包含着浓厚的道德意识,这七个警句便是例证;另一方面,这里的"与善仁,言善信"中的"仁"和"信",又不只是孔子的思想观念,老子也同样重视这两个道德条目,儒道两家都具有浓厚的仁爱之心、仁慈之念,也都把诚信作为极重要的人格品质。

值得注意的还有"动善时"。"时"的概念在《老子》书中虽然只出现这一次,但之后的黄老道家一再强调"时"的重要性,如说"审于时""以时为宝"(《管子·宙合》),到了《庄子》,"时"的概念出现六十七次之多,并且特别强调要"与时俱化""应时而变",这之后,《象传》又提出"动静不失其时"的观念。可见,《老子》提出的"动静"和"时"的关联性,逐步开启了战国中后期"审时度势"的时代思潮。

九章

[导读]

　　一般人遇到名利当头的时候,没有不心醉神往的,没有不趋之若鹜的。老子在这里说出了知进而不知退、善争而不善让的祸害,教人们适可而止。老子的"身退"并非遁世,仅仅是告诫人们:在事情做好之后,不要贪恋权位名利,不要尸位其间,而要收敛意欲,含藏动力,这才是长保之道。

持而盈之[1],不如其已[2];
揣而锐之[3],不可长保。
金玉满堂,莫之能守;
富贵而骄,自遗其咎。
功遂[4]身退[5],天之道也[6]。

[注释]

〔1〕 持而盈之：执持盈满，含有自满自骄的意思。

〔2〕 已：止。

〔3〕 揣而锐之：捶击使它尖锐，含有显露锋芒的意思。"锐"通行本作"棁"，据河上公本改正。

〔4〕 功遂：功业成就。

〔5〕 身退：敛藏锋芒。

〔6〕 天之道也：指自然的规律。通行本缺"也"字，据帛书本增补。

[译文]

执持盈满，不如适时停止；

显露锋芒，锐势难保长久。

金玉满堂，无法守藏；

富贵而骄，自取祸患。

功业完成，含藏收敛，是合于自然的道理。

[赏析与点评]

老子提倡"功遂身退"并不是要人做隐士，而是要人不膨胀自我。正如陈荣捷先生所说,"虽然隐士时常借用道家的名义,但道家的生活方式却不是隐士式的。退隐的观念即使在儒家思想中,也不全然匮乏,孟子即说孔子之道是'可以退则退'"。(《中国哲学文献选编》第七章《老子的自然之道》)

十章

[导读]

本章着重讲修身功夫。健全的生活必须是形体和精神合一而不偏离的,须集气到最柔和的境地,洗清杂念,摒除妄见,使心境处于静定的状态,观照内心的本明,才能使身心生活臻于和谐。

载营魄抱一[1],能无离乎?

专气[2]致柔,能如婴儿乎[3]?

涤除玄览[4],能无疵乎?

爱民治国,能无为[5]乎?

天门开阖[6],能为雌[7]乎?

明白四达,能无知[8]乎?

生之畜之。生而不有，为而不恃，长而不宰，是谓玄德[9]。

[注释]

〔1〕载：语气词，相当于"夫"。抱一：合一。魂和魄合而为一，即合于道。

〔2〕专气：集气，聚气。

〔3〕能如婴儿乎：能如婴儿之精气充和吗？五十五章"精之至也""和之至也"描述婴儿精充气和的状态。此处指通过"专气致柔"的修养功夫方能达到此境界。通行本缺"如"字，据傅奕本和俞樾之说增补。

〔4〕玄览：帛书乙本作"玄鉴"，比喻心灵深处明澈如镜。

〔5〕无为：通行本作"无知"，据景龙碑本改正。

〔6〕天门：喻感官。开阖：即动静。

〔7〕为雌：即守静的意思。通行本作"无雌"，据帛书乙本改正。

〔8〕无知：通行本作"无为"，据河上公本改正。

〔9〕这四句重见于五十一章。

[译文]

精神和形体合一，能不分离吗？

结聚精气以致柔顺,能像婴儿的状态吗?

洗清杂念而深入观照,能没有瑕疵吗?

爱民治国,能自然无为吗?

感官和外界接触,能守静吗?

通晓四方,能不用心机吗?

生长万物,养育万物。生长而不占有,畜养而不依恃,导引而不主宰,这就是最深的"德"。

[赏析与点评]

老子本章谈修身,"专气"和"玄览"这两个概念值得我们留意。

关于"专气",冯友兰先生曾说:"'专气'就是'抟气',这个气包括后来所说的形气和精气,抟气就是把形气和精气结聚在一起。'致柔'就是保持住人始生时候柔弱的状态,像婴儿那个样子。这种思想在《庄子·庚桑楚》里面有比较详细的解释,称为'卫生之经'。"(《中国哲学史新编》)

关于"玄览",高亨先生曾说:"'览'读为'鉴','览''鉴'古通用。玄鉴者,内心之光明,为形而上之镜,能照察万物,故谓之玄鉴。"(《老子正诂》)

十一章

[导读]

　　一般人只注意到实有的用处，却忽略了空虚的作用。老子在本章通过车、器、室这三个例子告诉我们：车中空的地方可以转轴，才能行驶；器皿中间空虚，才能盛物；屋室中空，才能居住，从而总结指出"有之以为利，无之以为用"的道理。老子意在说明：一、"有""无"是相互依存、相互为用的。二、无形的东西能产生很大的作用，只是不容易为一般人所觉察。

　　三十辐共一毂[1]，当其无[2]，有车之用。
　　埏埴以为器[3]，当其无，有器之用。
　　凿户牖[4]以为室，当其无，有室之用。

故有之以为利,无之以为用。

[注释]

〔1〕辐:车轮中连接轴心和轮圈的木条。古时候的车轮由三十根辐条所构成,这个数目取法于月数(每月三十日)。毂(gǔ):车轮中心的圆孔,即插轴的地方。

〔2〕无:指毂的中空之处。

〔3〕埏埴以为器:和陶土做成饮食的器皿。埏(shān),和。埴(zhí),土。

〔4〕户牖(yǒu):门窗。

[译文]

三十根辐条汇集到一个毂当中,有了车毂中空的地方,才有车的作用。

揉和陶土做成器具,有了器皿中空的地方,才有器皿的作用。

开凿门窗建造房屋,有了门窗四壁中空的地方,才有房屋的作用。

所以"有"给人便利,"无"发挥了它的作用。

[赏析与点评]

"有之以为利，无之以为用"，这里的"有""无"和第一章"无，名天地之始；有，名万物之母"的"有""无"不同。第一章是就超现象界、本体界而言的，本章是就现象界而言的，属于两个不同的层次。"有"在这里指实物，"无"在这里指中空处。在第一章中，老子用"有""无"讲述形而上的道向下落实而产生天地万物时的活动过程。而在这里，老子用"有""无"说明实物只有当它和"无"（中空的地方）配合时才能产生用处。老子的目的，不仅在于引导人的注意力不再执着于现实中所见的具体形象，更在于说明事物在对立关系中相互补充、相互发挥。

十二章

[导读]

本章指出物欲文明生活的弊害,特别是上层阶级,如果过于寻求官能的刺激,流逸奔竞,淫逸放荡,便会使心灵激扰不安,便将给社会带来种种弊害。因而老子呼吁:要务内而不逐外,摒弃外界物欲的诱惑,持守内心的安足,确保固有的天真。

五色令人目盲[1],五音令人耳聋[2],五味令人口爽[3],驰骋畋猎令人心发狂[4],难得之货令人行妨[5]。

是以圣人为腹不为目[6],故去彼取此[7]。

[注释]

〔1〕 五色：指青、赤、黄、白、黑。目盲：指眼花缭乱。

〔2〕 五音：角、徵（zhǐ）、宫、商、羽。耳聋：指听觉不灵。

〔3〕 五味：酸、苦、甘、辛、咸。口爽：口病。爽，引申为伤、亡，指味觉差失。

〔4〕 驰骋：纵横奔走，喻纵情。畋：猎取禽兽。心发狂：人心放荡而不可制止。

〔5〕 行妨：伤害操行。妨，害，伤。

〔6〕 为腹不为目：只求安饱，不求纵情于声色之娱。"为腹"即"实其腹""强其骨"，"不为目"即"虚其心""弱其志"。

〔7〕 去彼取此：摒弃物欲的诱惑，而持守安足的生活。

[译文]

缤纷的色彩使人眼花缭乱，纷杂的音调使人听觉不敏，饮食餍饫使人舌不知味，纵情狩猎使人心放荡，稀有货品使人行为不轨。

因此圣人但求安饱而不逐声色之娱，所以摒弃物欲的诱惑而保持安足的生活。

[赏析与点评]

"为腹不为目"一句:"为目"即追逐外在贪欲的生活,"为腹"即建立内在恬淡的生活,老子认为正常的生活是务内而不逐外。俗语说:"罗绮千箱,不过一暖;食前方丈,不过一饱。"物质生活但求安饱,不求纵情于声色之娱。一个人越是投进外在的旋涡里,越是流连忘返,进而产生自我疏离,心灵日益空虚。

今日生活中,我们可以普遍地看到这种人心狂荡的情景,读了老子的描述,令人感慨系之。

老子之后,庄子承接了本章的观点,且说得更清楚。《庄子·天地》说:"且夫失性有五:一曰五色乱目,使目不明;二曰五声乱耳,使耳不聪;三曰五臭熏鼻,困惾中颡;四曰五味浊口,使口厉爽;五曰趣舍滑心,使性飞扬。此五者,皆生之害也。"

十三章

[导读]

  本章主旨要人"贵身""爱身"——贵爱生命。

  老子认为,一个理想的统治者,首要在于贵爱生命,不妄为。只有珍重自身生命的人,才能珍重天下人的生命。只有这样,人们才能放心地把天下的重责委任于他。

  "贵身"的观念又见于第四十四章。一般人汲汲于身外的名利而不顾惜自身,所以老子感慨地道:"名与身孰亲?身与货孰多?"贵身的反面是轻身,在第二十六章中,老子责问作践自己性命的君主:"奈何万乘之主,而以身轻天下?"

  宠辱若惊[1],贵大患若身[2]。

何谓宠辱若惊？宠为下[3]，得之若惊，失之若惊，是谓宠辱若惊。

何谓贵大患若身？吾所以有大患者，为吾有身；及吾无身，吾有何患[4]？

故贵以身为天下，若可寄天下；爱以身为天下，若可托天下。

[注释]

〔1〕 宠辱若惊：得宠和受辱都使人惊慌。

〔2〕 贵大患若身：重视身体一如重视大患。此句本是"贵身若大患"，因"身"与上句"惊"真耕协韵，故倒其文。

〔3〕 下：卑下的意思。

〔4〕 吾所以有大患者，为吾有身；及吾无身，吾有何患：这是说大患来自身体，所以防大患，应先贵身。老子说这话含有警惕的意思，并不是要人弃身或忘身。老子从来没有轻身、弃身的思想，相反，他却是要人贵身。

[译文]

得宠和受辱都感到惊慌失措，重视自己的身体好像重视大患一样。

　　什么叫作得宠和受辱都感到惊慌失措？得宠仍是下等的，得到恩惠感到心惊不安，失去恩惠也觉得惊恐慌乱，这就叫作得宠和受辱都感到惊慌失措。

　　什么叫作重视身体像重视大患一样？我所以有大患，乃是因为我有这个身体，如果没有这个身体，我会有什么大患呢？

　　所以能够以贵身的态度去治理天下，才可以把天下寄托给他；以爱身的态度去治理天下，才可以把天下委托给他。

[赏析与点评]

　　"宠辱若惊"，在老子看来，"宠"和"辱"都是对人的尊严的挫伤。受辱固然损伤了自尊，得宠何尝不是被剥夺了人格的独立完整？得宠者的心理，总是感觉到这是一份意外的殊荣，既经赐予，就战战兢兢地唯恐失去，于是在赐予者面前诚惶诚恐，曲意逢迎，因而自我的人格尊严无形地萎缩下去。若是一个未经受宠的人，那么他在任何人面前都可以傲然而立，保持自己人格的独立完整。所以说，得宠也并不光荣（"宠为下"）。

　　本章和上一章有着某种连续性。上一章老子谈到圣人要"为腹不为目"，只求建立内在恬淡的生活，而不追逐外在贪欲的生活，本章老子接着说，"为腹不为目"的圣人要能"不以宠辱荣患损易其身"（王弼语），才可以担负天下的重任。

十四章

[导读]

本章开头对道体进行了多方面的描述。老子说道是"视之不见""听之不闻""搏之不得"的,又说"迎之不见其首,随之不见其后",这些都说明道是我们感官所无从认识的,超越了人类一切感觉知觉。

最后一段谈到"执古之道,以御今之有",显示出老子具有透视历史的开阔眼光。

视之不见,名曰夷;听之不闻,名曰希;搏之不得,名曰微[1]。此三者不可致诘[2],故混而为一。其上不皦[3],其下不昧[4],绳绳兮[5]不可名,复归于无物[6]。是谓无状之状,无物之象,是谓惚恍[7]。迎之不见其首,随之不见其后。

执古之道，以御今之有[8]。能知古始[9]，是谓道纪[10]。

[注释]

〔1〕 夷、希、微：这三个名词都是用来形容感官所不能把捉的道。

〔2〕 致诘（jié）：究诘，追究。

〔3〕 皦（jiǎo）：光明。

〔4〕 昧：阴暗。

〔5〕 绳绳兮：形容纷纭不绝。通行本缺"兮"字，据傅奕本增补。

〔6〕 复归于无物：与十六章"复归其根"的意思相同。复归，即还原。无物，不是一无所有，是指不具任何形象的实存体，无是相对于我们的感官来说的，任何感官都不能知觉它（道），所以用"无"字形容它的不可见。

〔7〕 惚恍：若有若无，闪烁不定。

〔8〕 有：与第一章的"有"不同，这里指具体的事物。

〔9〕 古始：宇宙的原始或道的端始。

〔10〕 道纪：道的纲纪，即道的规律。

[译文]

看它看不见，名叫夷；听它听不到，名叫希；摸它摸不着,名叫微。这三者的形象无从究诘,它是浑然一体的。它上面不显得光亮,它下面不显得阴暗,它绵绵不绝而不可名状,一切的运动都会返回到不见物体的状态。这是没有形状的形状,不见物体的形象,它叫作惚恍。迎着它,看不见它的前头;追随它,看不见它的后面。

把握着早已存在的道,来驾驭现在的具体事物。能够了解宇宙的原始,叫作道的规律。

[赏析与点评]

本章和第二十一章对于道体的描述有着内在的联系。一方面,这两章都刻画了道体"惚恍"(若有若无)的特征;另一方面,这两章都指陈了"执古御今"的历史连续性。下面我们分别进行解释:

一、"惚恍"(若有若无):"无状之状,无物之象",若无似有、似无却有,形象地描绘了形而上道体无形而实存的特性。首先,"无状""无物"说明道体有别于具体之物的形上性与无限性("无");进而,"无状之状,无物之象"又说明道体的这种"无",不是不存在,也不等同于虚无,而是具有实存性("有")的。

二、本章的"执古御今"和二十一章的"自今及古",都既有历史意义,又有时代意义。以六经与老、孔的关系为例。

孔子编定六经作为授徒讲学的教材,在了解古代文献的历史意义的基础上,思考如何回应时代的现实议题,这便是"执古御今"的具体运用。与此同时,不只有孔子进行着这样的"执古御今",《诗》《书》《易》对老子也产生了隐含性的影响,尤其是易学与老子的辩证思维的紧密关联(可参看第二、十六、三十六章的赏析与点评)。老子与孔子,都在对历史的反思与借镜中,展露出他们洞察事理的眼光与智慧。

十五章

[导读]

本章承接上章,由道的精妙玄通进而描写体道之士的静谧幽深。"豫兮若冬涉川"到"混兮其若浊"这七句,是老子对体道之士精神面貌和人格形态的描写,从慎重、戒惕、威仪、融和、敦厚、空豁、浑朴等方面刻画了体道者的样貌和心境。

古之善为士者,微妙玄通,深不可识。夫唯不可识,故强为之容:

豫兮若冬涉川[1];犹兮若畏四邻[2];俨兮其若客[3];涣兮其若释[4];敦兮其若朴;旷兮其若谷;混兮其若浊。

孰能浊以静之徐清?孰能安以[5]动之徐生?

保此道者，不欲盈。夫唯不盈，故能蔽而新成〔6〕。

[注释]

〔1〕豫兮：迟疑慎重之意。若冬涉川：形容小心翼翼，如履薄冰。

〔2〕犹兮：形容警觉、戒惕的样子。若畏四邻：形容不敢妄动。

〔3〕俨兮：形容端谨庄严。客：通行本作"容"，据楚简本和帛书本改正。

〔4〕涣兮其若释：通行本作"涣兮若冰之将释"，据楚简本改正。

〔5〕通行本"安以"下衍一"久"字，据楚简本删去。

〔6〕蔽而新成：去故更新的意思。通行本作"蔽不新成"，据易顺鼎之说改正。

[译文]

古时善于行道之士，精妙通达，深刻而难以认识。正因为难以认识，所以勉强来形容他：

小心审慎啊，像冬天涉足江河；警觉戒惕啊，像提防四周的围攻；拘谨严肃啊，像做宾客；融和可亲啊，像冰柱消融；淳厚朴质啊，像未经雕琢的素材；空豁开广啊，像深山的幽谷；浑朴淳厚啊，像浊水一样。

谁能在动荡中安静下来而慢慢地澄清？谁能在安定中变动起来而慢慢地趋进？

保持这些道理的人，不肯自满。正因他不自满，所以能去故更新。

[赏析与点评]

老子在这里对于体道者的描写，很自然地使我们想到庄子在《大宗师》中对"真人"的描写。两相比较，老子的描写侧重宁静敦朴、谨严审慎的一面，庄子的描写则侧重高迈凌越、舒畅自适的一面。庄子的超俗不羁，他的"独与天地精神相往来"，是独具一格的；他笔下的真人胸次悠然、气象恢宏，同样独具一格。老子的描写素朴简直，多是对日常生活和自然风物的直接表现，而庄子则运用浪漫主义的笔法，甚至发挥文学式的想象，使一种独特的人格精神跃然纸上。

同样值得我们注意的，还有老子描写体道之士心性修养功夫的"孰能浊以静之徐清？孰能安以动之徐生？"一句。"浊"是动荡的状态，体道之士在动荡的状态中，透过"静"的功夫，恬退自养，静定持心，转入清明的境界，呈现了一种动极而静的生命活动过程。而在长久的沉静安定（"安"）之中，体道之士又能生动起来，趋于创造的活动（"生"），呈现出另一番静极而动的生命活动过程。"动""静"之间,透露着"动静相养"的辩证思维。

另外值得一提的是,对20世纪哲学界影响巨大的德国哲学家海德格尔(Martin Heidegger),曾于1946年邀请当时旅居德国的华人学者萧师毅协助翻译《老子》,一共翻译了八章。北京大学熊伟教授(海德格尔唯一的中国学生)回忆说:"萧师毅还写到海德格尔要求他把《老子》第十五章'孰能浊以静之徐清,孰能安以动之徐生'两句用中国字写在硬纸片上,悬挂于他的山庄书斋墙壁。"(《道家与海德格尔》,收于《道家文化研究》第二辑)由此可见海德格尔对老子思想的欣赏。

十六章

[导读]

本章围绕"致虚""守静"的修心功夫达到极致状态时对于道体运行过程的观照而展开。

本章提出了许多道家哲学的重要概念,如"观复""归根""复命""知常",以及"明""容""公"等,这些都是道家谈论心性活动的相关范畴。

"万物并作,吾以观复。夫物芸芸,各复归其根",是本章的核心论题,与第二十五章"周行而不殆"和第四十章"反者道之动"有着紧密的联系。

致虚极,守静笃[1]。

万物并作[2]，吾以观复[3]。

夫物芸芸[4]，各复归其根。归根[5]曰静，静曰复命[6]。复命曰常[7]，知常曰明[8]。不知常，妄作凶。

知常容[9]，容乃公，公乃全[10]，全乃天[11]，天乃道，道乃久，没身不殆。

[注释]

〔1〕致虚极，守静笃：指心境原本是空明宁静的状态，只因私欲的活动与外界的搅动，而使得心灵蔽塞不安，所以必须时时做"致虚""守静"的功夫，才能恢复心灵的清明。致，推致。虚，形容心灵空明的境况，喻不带成见。极，极度。笃，顶点。

〔2〕作：生成活动。

〔3〕复：往复，循环。

〔4〕芸芸：形容草木的繁盛。

〔5〕归根：回归本原。

〔6〕复命：复归本原。"静曰复命"通行本作"是谓复命"，据傅奕本改正。

〔7〕常：指万物运动变化中的永恒规律。

〔8〕明：万物的运动和变化都依循着循环往复的律则，对于这种律则的认识和了解，叫作明。

〔9〕　容：宽容，包容。

〔10〕　全：周遍。通行本作"王"，据劳健之说改正。

〔11〕　天：指自然的天，或指代自然。

[译文]

致虚和守静的功夫，达到最高的境地。

万物蓬勃生长，我看出往复循环的道理。

万物纷纷纭纭，各自返回到它的本根。返回本根叫作静，静叫作回归本原。回归本原是永恒的规律，认识永恒的规律叫作明。不认识永恒的规律，轻举妄动就会出乱子。

认识常道的人是能包容一切的，包容一切就能坦然大公，坦然大公才能无不周遍，无不周遍才能符合自然，符合自然才能符合于道，体道而行才能长久，终身可免于危殆。

[赏析与点评]

"观复"是本章的重要概念，这一概念继承自《易经》的观卦和复卦。其中，观卦谈到对人生的省察、反思和对自己行为的反观内视，这似乎已经进入哲学思考的园地。老子使用"观"这个字，意在由感官的观察上升到心性的直观，以此观照道体的运行过程,这是"观其妙"(一章)的哲学意涵。"复"字在《易经》中包含有返回、归来之义,老子继承之,发展出向对立面转化的辩证思维和循环往复的辩证思维,并且,用这种辩证思维把握宇宙万物的运动状态及其规律,从而触及宇宙论的问题,得出"周行而不殆""反者道之动"的哲学命题。《易经》中的"观"和"复"都是单词,发展到《老子》成为"观复"这个复合词,这也符合语词本身发展的规律。

十七章

[导读]

本章老子将古代社会的政治状况划分为四个世代，分别用"下知有之""亲而誉之""畏之""侮之"描述它们的情境，每一个世代相较前一个世代，都下降一层。

老子理想的是"下知有之"的世代，其间，统治者具有诚朴信实的素养，他服务于民，但其权力丝毫不会使百姓感到逼迫，人们生活在一种安闲自适的氛围中。

太上[1]，下知有之[2]；其次，亲而誉之；其次，畏之；其次，侮之。信不足焉，有不信焉。

悠兮[3]其贵言[4]。功成事遂，百姓皆谓我自然[5]。

[注释]

〔1〕 太上：最好，至上，指最好的世代。本章的"太上""其次"并不是按时间先后的顺序排列的，而是按价值等级排列的。

〔2〕 下知有之：百姓只知道有君主的存在。

〔3〕 悠兮：悠闲的样子。

〔4〕 贵言：不轻易发号施令。

〔5〕 自然：自己如此。

[译文]

最好的世代，百姓只知道有统治者的存在；其次，百姓亲近他而赞美他；再其次，百姓畏惧他；更其次，百姓轻侮他。国君的诚信不足，百姓自然不相信他。

（最好的统治者）悠然而不轻易发号施令。事情办成功了，百姓都说："我们本来是这样的。"

[赏析与点评]

"自然"是道家学说的核心价值。《老子》书中先后五次谈到自然，本章为首次出现。这里的自然，意指自然而然、自己如此。后四处"自然"——"希言自然"（二十三章）、"道法自然"（二十五章）、"莫之命而常自然"（五十一章）、"以辅万物之自然而不敢为"（六十四章），也都是这个含义，用以指天地万物的本性如此。

十八章

[导读]

　　鱼在水中,不觉得水的重要;人在空气中,不觉得空气的重要;大道兴隆,仁义行于其中,自然不觉得有倡导的必要。等到一味推崇仁义的时代,社会已经不复淳厚了。

　　本章意在说明,某种德行的表彰,正是因为它们特别欠缺。在动荡不安的社会情景下,仁义、孝慈和忠臣的节操等美德,就显得如雪中送炭了。

　　大道废,有仁义;[1]六亲[2]不和,有孝慈;国家昏乱,有忠臣。

［注释］

〔1〕通行本于此句之后，又有"智慧出，有大伪"一句，检之楚简本并无此句，当据删。

〔2〕六亲：父、子、兄、弟、夫、妇。

［译文］

大道废弛，仁义才显现；家庭不和，孝慈才彰显；国政昏乱，忠臣才出现。

［赏析与点评］

郭店楚简《老子》与通行本最大的不同，就在于十八章和十九章。通行本在传抄过程中，经过后人窜改，出现了强烈的反儒倾向，而较早的版本却并不包含这种倾向。

本章"智慧出，有大伪"之衍出，当发生在战国中后期，可能受庄子后学中激烈派思想影响所致。妄增此句，易使人将"仁义"与"大伪"并举，从而认为老子意在贬抑仁义。可是，透过楚简本所示的原初的含义，我们不难发现，老子并无意于贬抑"仁义""孝慈""忠臣"；相反，老子认为，在最理想的社会情境发生改变时，在人际关系出现问题时，仁义、孝慈的美德和忠臣的节操，更显得难能可贵。楚简本此章为三个对等句，下章亦为三个对等句，从句型与句义上看，楚简本较符合祖本的原貌。

十九章

[导读]

老子在本章提出"见素抱朴"的主张,认为上层统治者若能在素朴、少私寡欲的政风下,进一步弃绝智辩、伪诈、巧利,则可使百姓得享安定、孝慈,生活在安宁的社会环境中。

流俗重"文",老子重"质"。老子视"文"为巧饰,巧饰违反人性的自然。巧饰流行,更形成种种有形无形的制约,拘束着人的天性。老子在本章中流露的愤世之言,正是针对虚饰的文明所造成的严重灾害而发的。

绝智弃辩[1],民利百倍;绝伪弃诈[2],民复孝慈;绝巧弃利,盗贼无有。此三者[3]以为文[4],不足。故令有所属[5]：见素抱朴[6]，少私寡欲。

[注释]

〔1〕 绝智弃辩：通行本作"绝圣弃智"，通观《老子》全书，"圣人"一词共三十二见，老子以"圣"喻最高人格修养境界，"绝圣"之词与全书肯定"圣"之通例不合。据楚简本改正。

〔2〕 绝伪弃诈：通行本作"绝仁弃义"。《老子》第八章主张"与善仁"，人与人的交往要尚仁，作"绝仁弃义"可能是受庄子后学中激烈派思想影响所致。据楚简本改正。

〔3〕 此三者：指智辩、伪诈、巧利。

〔4〕 文：文饰。

〔5〕 属：归属，适从。

〔6〕 素：没有染色的丝。朴：没有雕琢的木。

[译文]

抛弃智辩，人们可以得到百倍的好处；弃绝伪诈，人们可以恢复孝慈的天性；抛弃技巧和货利，盗贼就自然会消失。（智辩、伪诈、巧利）这三者全是巧饰的，不足以治理天下。所以要使人心有所归属：保持质朴，减少私欲。

[赏析与点评]

以往人们依据通行本"绝仁弃义"之说，认为这是针对孔孟仁义观而提出的反命题，并以此作为《老子》晚出的有力证据。如今，随着郭店楚简《老子》的出土，证明了老子原无"绝仁弃义"之说，所谓反命题、晚出的论证也立时无据了。

1998年5月，美国达慕思大学召开了郭店楚简《老子》国际学术研讨会，东西方学者围绕《老子》及其他相关文献展开讨论，会议论文和达成的共识被整理成《郭店〈老子〉：东西方学者的对话》一书出版。正如会议组织者艾兰（Sarah Allan）所说，这次会议"是相当独特的"，不仅题目重要、材料新颖，而且与会的学者各有专长，涉及不同领域，横跨不同国家和地区。在我看来，《老子》的文本和思想在国际范围内得到如此广泛的关注，形成这样一个研究的共同体，也是史无前例的。更为重要的是，学者们普遍注意到本章透露出的"郭店《老子》因其时代较早，故没有今本《老子》所见的反儒倾向"（韩禄伯语）这一点。如古文字专家裘锡圭所说："简本与通行本的区别有重要的思想意义。简本应该代表较早的老子思想，这思想不是针对儒家而提出。而且，道家与儒家之间并非不可调和。"（王博《美国达慕思大学郭店〈老子〉国际学术讨论会纪要》，收于《道家文化研究》第十七辑）

二十章

[导读]

本章老子以"我",非常明确地表达了他个人的生活态度和价值取向。不同于熙熙攘攘、纵情于声色货利的世俗人群,老子甘守淡泊,淡然无系,但求精神的提升。在他富有诗意的话语里,显示出一种和人群的疏离感。

人们在价值判断上,经常随着时代的变换而变换,随着环境的更改而更改。世俗的价值判断如风飘荡,所以老子感慨地说"相去几何"!然而,尽管世俗的价值判断如此混淆,但又岂可任意而行?所以老子更进一步说,众人所戒忌的,也不可不警惕,不必特意去触犯。

绝学无忧。唯之与阿[1],相去几何?美之与恶[2],相去若何?人之所畏,不可不畏。荒兮,其未央哉[3]!

众人熙熙[4],如享太牢[5],如春登台[6]。我独泊[7]兮,其未兆[8],如婴儿之未孩[9];儽儽兮[10],若无所归。

众人皆有余,而我独若遗[11]。我愚人[12]之心也哉!沌沌兮!

俗人昭昭[13],我独昏昏[14];俗人察察[15],我独闷闷[16]。澹兮其若海,飂兮若无止[17]。

众人皆有以[18],而我独顽且鄙[19]。

我独异于人,而贵食母[20]。

[注释]

[1] 唯:恭敬的应答声,这是晚辈响应长辈的声音。阿:怠慢的应答声,这是长辈响应晚辈的声音。"唯""阿"都是响应的声音,"阿"的声音高,"唯"的声音低,在这里用以表示上下或贵贱的区别。

[2] 美之与恶:通行本作"善之与恶",据楚简本、帛书本改正。

[3] 荒兮,其未央哉:精神包含广远而没有边际。荒兮,广漠的样子。未央,无尽的意思。

[4] 熙熙:纵情奔欲、兴高采烈的样子。

[5] 太牢:指牛、羊、豕三牲。

〔6〕 如春登台：好像春天登台眺望。

〔7〕 泊：淡泊，恬静。

〔8〕 未兆：没有迹象，形容不炫耀自己。兆，征兆，迹象。

〔9〕 孩：同咳，婴儿的笑。

〔10〕 傫傫（lěi）兮：落落不群，无所依傍。

〔11〕 遗：不足的意思。

〔12〕 愚人：老子自己以"愚人"为最高修养境界。"愚"是一种淳朴、真实的状态。

〔13〕 昭昭：光耀自炫的样子。

〔14〕 昏昏：暗昧的样子。

〔15〕 察察：精明灵巧的样子。

〔16〕 闷闷：淳朴的样子。

〔17〕 澹：淡泊，沉静。飂：高风，形容形迹飘逸。

〔18〕 皆有以：皆欲有所施用。以，用。

〔19〕 顽且鄙：形容愚陋、笨拙。通行本作"顽似鄙"，据傅奕本改正。

〔20〕 贵食母：以守道为贵。母，喻道。食母，滋养万物的道。

[译文]

弃绝异化之学可无搅扰。应诺与阿声，相差多少？美好与丑陋，相差多少？众人所畏惧的，我也不能不有所畏惧。

精神领域开阔啊，好像没有尽头的样子！

众人都兴高采烈，好像参加丰盛的筵席，又像春天登台眺望景色。我却独个儿淡泊宁静啊，没有形迹，好像不知嬉笑的婴儿。落落不群啊，好像无家可归。

众人都有多余，唯独我好像不足的样子；我真是愚人的心肠啊！混混沌沌啊！

世人都光耀自炫，唯独我暗暗昧昧的样子；世人都精明灵巧，唯独我无所识别的样子。沉静的样子，好像湛深的大海；飘逸的样子，好像无有止境。

众人都有所作为，唯独我愚顽而拙讷。

我和世人不同，重视近于道的生活。

[赏析与点评]

《老子》书中"吾"字共二十二见，其中，代表老聃自称或表达自己观点、态度的有十一见。"我"字出现十九次，代表作者自称或立场的有十二次。

张岱年先生在《论老子在哲学史上的地位》一文中说："《老子》书中有很多'吾'字、'我'字，许多章中的'吾'与'我'，确实是作者自称，表示作者自己的态度。这就足以证明，《老子》上下篇确实是一位独立思想家的个人著作。"（《道家文化

研究》第一辑）

关于"我"字，日本学者福永光司曾有独到的理解，他说："老子的'我'是跟'道'对话的'我'，不是跟世俗对话的'我'。老子便以这个'我'做主词，盘坐在中国历史的山谷间，以自语着人的忧愁与欢喜。他的自语，正像山谷间的松涛，格调高越，也像夜海的荡音，清澈如诗。"（《老子》）

二十一章

[导读]

本章首句"孔德之容,惟道是从",论及道与德的关系:

一、道是无形的,它必须作用于物,透过物的媒介,才得以显现它的功能。道所显现于物的功能,称为德。

二、一切物都由道所形成,内在于万物的道,在一切事物中表现它的属性,亦即表现它的德。

三、形而上的道落实到人生层面时,称之为德。即道本是幽隐而未形的,它的显现,就是"德"。

"道之为物"以下和第十四章一样,重在描述形而上之"道"。形而上之"道",恍惚无形,但在深远暗昧之中,确是"有象""有物""有精",隐含了"以气言道"的重要哲学议题,"象""精"皆与"气"

相关。这种大道气化流行的观点，在老子仍是一个尚未突显的论题，至庄子"通天下一气"（《庄子·知北游》）成为一个被突显的议题，对宋明理学、清代实学都产生了具体的影响。

孔德之容[1]，惟道是从。

道之为物，惟恍惟惚[2]。惚兮恍兮，其中有象[3]；恍兮惚兮，其中有物。窈兮冥兮[4]，其中有精[5]；其精甚真[6]，其中有信[7]。

自今及古[8]，其名不去，以阅众甫[9]。吾何以知众甫之状哉？以此[10]。

[注释]

[1] 孔：甚，大。德：道的显现与作用为德。容：运作，样态。

[2] 惟恍惟惚：恍惚，犹仿佛。

[3] 象：迹象。

[4] 窈兮冥兮：深远暗昧。

[5] 精：最微小的原质。

[6] 其精甚真：这最微小的原质是很真实的。

[7] 信：信验，信实。

[8] 自今及古：通行本作"自古及今"，据帛书本和傅奕本改正。

〔9〕以阅众甫：以观察万物的起始。甫，始。

〔10〕以此：此指道。

[译文]

大德的样态，随着道为转移。

道这个东西，是恍恍惚惚的。那样的惚惚恍恍，其中却有迹象；那样的恍恍惚惚，其中却有实物。那样的深远暗昧，其中却有精质；这最微小的原质是很真实的，其中是可信验的。

从当今上溯到古代，它的名字永远不能消去，依据它才能认识万物的本始。我怎么知道万物本始的情形呢？从道认识的。

[赏析与点评]

"自今及古，其名不去，以阅众甫"，同十四章"执古御今"的历史意识有着内在的联系。东西方在历史意识的议题上都有独特的见解，尼采（Friedrich Nietzsche）在他早期的著作《历史对于人生的利弊》中曾说："人所以成为人，就在于他首先在其思考、比较、区分和结论之中压抑了非历史的因素，并以凭借古为今用的能力让一种清晰而突然的光亮射穿这些迷雾。"

在和西方思想的对比中，方东美先生注意到："中国哲学的传统，自先秦、两汉以至汉唐、宋明，都有一个共通点，这个共通点，用司马迁的话来说，就是'究天人之际'。另一方面，无论是哪一派的中国哲学，都不像西方的思想，往往是以个人为中心，而后形成一个独特的思想系统。……这在中国哲学可没有这一套，我们又可以司马迁一句话来说，就是'通古今之变'。这个'通古今之变'，就是一切哲学思想，无论是个人的、学派的或是产生自任一时代的，都要表达出'historical continuity'——历史的持续性，要与其他各派的哲学思想发展，彼此呼应，上下连贯，形成时间上的整体联系，绝无所谓思想的孤立系统。"（《新儒家哲学十八讲》）

二十二章

[导读]

本章进入人生层面。"曲则全,枉则直,洼则盈,敝则新,少则得,多则惑"这六句,引用古语论说事物相反相成、对立转化的道理;后面的"不自见""不自是""不自伐""不自矜"这四句,则是晓喻人们不要总是以自我为中心,要能持守"不争"之德。

曲则全,枉[1]则直,洼则盈,敝则新,少则得,多则惑。

是以圣人执一[2]为天下式[3]。不自见[4],故明[5];不自是,故彰;不自伐,故有功;不自矜,故能长[6]。

夫唯不争,故天下莫能与之争。古之所谓"曲则全"

者,岂虚言哉!诚全而归之。

[注释]

〔1〕 枉:屈。

〔2〕 执一:通行本作"抱一",据帛书本改正。

〔3〕 式:法式,范式。

〔4〕 自见(xiàn):自现,自显于众。

〔5〕 明:彰明。

〔6〕 能长:通行本缺"能"字,据帛书本增补。

[译文]

委曲反能保全,屈就反能伸展,低洼反能充盈,敝旧反能生新,少取反能多得,贪多反而迷惑。

所以有道的人坚守这一原则作为天下事理的范式。不自我表扬,反能显明;不自以为是,反能彰显;不自我夸耀,反能见功;不自我矜恃,反能长久。

正因为不跟人争,所以天下没有人和他争。古人所说的"委曲可以保全"等话,怎么会是空话呢!它是实实在在能够达到的。

[赏析与点评]

常人所见只是事物的表象,看不到事物的根底,而老子则不同。他以自己丰富的生活经验和卓越的生命智慧观照现实世界的万事万物,认为:一、事物常在既对立又相互依赖的关系中产生,我们必须对于事物的两端都加以彻察;二、我们必须从正面去透视负面的意义,对于负面意义的把握,更能显现出正面的内涵;三、所谓正面与负面,并不是两种截然不同的东西,它们经常是一种依存的关系,甚至于经常是表象和根底的关系。

常人对于事物的执取,往往急功近利,只贪图眼前的喜好,老子则晓喻人们,要拓宽视野。观赏枝叶的繁盛的同时,要注意到它根底的牢固。只有结实的根,才能长出丰盛的叶来。所以老子认为:在"曲"里面存在着"全"的道理;在"枉"里面存在着"直"的道理;在"洼"里面存在着"盈"的道理;在"敝"里面存在着"新"的道理。因而在"曲"和"全"、"枉"和"直"、"洼"和"盈"、"敝"和"新"的两端中,把握了其中作为根底的一面,便可以更好地把握显现的一面。

常人总喜欢追逐事物的表象,芸芸众生莫不汲汲于求"全"

求"盈",汲汲于张扬自炫,因而引起无数的纷争。求全之道,莫过于"不争"。"不争"之道,又在于"不自见""不自是""不自伐""不自矜"。本章开篇所说的"曲""枉""洼""敝",也都包含"不争"之意。

二十三章

[导读]

本章老子提出"希言"的政治理想：少声教法令之治，行清静无为之政，以不扰民为原则，百姓安然舒适，这才合乎自然。全章围绕"希言自然"的主题展开。

希言自然[1]。故飘风[2]不终朝，骤雨[3]不终日。孰为此者？天地。天地尚不能久，而况于人乎？

故从事于道者，同于道；德者，同于德；失[4]者，同于失。同于德者，道亦德之；同于失者，道亦失之[5]。

信不足焉，有不信焉。

[注释]

〔1〕 希言：字面的意思是少说话，深一层的意思是不施加政令。言，指声教法令。希言与第五章"多言数穷"形成对比，与第二章"行不言之教"意义相同。

〔2〕 飘风：强风，大风。

〔3〕 骤雨：急雨，暴雨。

〔4〕 失：指失道，失德。

〔5〕 同于德者，道亦德之；同于失者，道亦失之：通行本作"同于道者，道亦乐得之；同于德者，德亦乐得之；同于失者，失亦乐得之"，据帛书本改正。

[译文]

少发政令是合于自然的。

所以狂风刮不到一早晨，暴雨下不了一整天。谁使它这样的？是天地。天地的狂暴都不能持久，何况人呢？

所以从事于道的人，就合于道；从事于德的人，就合于德；表现失道失德的人，就会丧失所有。同于德的行为，与道相合；行为失德的，与道相悖。

统治者的诚信不足，人民自然不相信他。

[赏析与点评]

本章和第十七章相应,十七章末了说"悠兮其贵言。功成事遂,百姓皆谓我自然",本章一开头便说"希言自然"。"希言"和"贵言"谈的都是政教法令如何实施的问题,"自然"是指随顺人情人性的本然性。这是一处相应。

另外则是,老子用"飘风""骤雨"比喻严刑峻法,其结果正是使百姓对统治者"畏之""侮之"(十七章),使得执政无法久长。所以老子提出了"贵言""希言"的政治理想,它们又同第二章的"圣人处无为之事,行不言之教"相应。只有这样,社会才能呈现出安宁平和的气象,才能"同声相应,同气相求"。

最后则是,本章末段和十七章又都有"信不足焉,有不信焉"一句,反复强调执政者诚信的重要性。

二十四章

[导读]

"企者不立,跨者不行",形容自见、自是、自伐、自矜的情状,这些举动都是反自然的行径,因此不能长久。本章不仅借此说明躁进自炫的行为不可取,也暗示独断专行的政举为人所共弃。

企[1]者不立,跨[2]者不行。自见者,不明;自是者,不彰;自伐者,无功;自矜者,不长。

其在道也,曰余食赘形[3]。物或恶之,故有道者不处。

[注释]

〔1〕 企:同"跂",踮起脚尖。

〔2〕 跨：跃，越，阔步而行。

〔3〕 余食赘形：剩饭赘瘤。"形"通行本作"行"，"形""行"古字相通，据吴澄之说改正。

[译文]

踮起脚尖，是站不牢的；跨步前进，是走不远的。自逞己见的人，反而不得自明；自以为是的人，反而不得彰显；自己夸耀的人，反而不得见功；自我矜恃的人，反而不得长久。

从道的观点来看，这些急躁炫耀的行为，可说都是剩饭赘瘤，惹人厌恶，所以有道的人不这样做。

[赏析与点评]

在长沙马王堆帛书甲、乙两本中，本章都与第二十二章排列在一起，且本章位于二十二章之前，这样的章序应当更为合理。这两章具有内在联系，谈论的都是个人品德和修养问题，本章从反面指出"自见""自是""自伐""自矜"的危害，二十二章从正面说明"不自见""不自是""不自伐""不自矜"的益处。一正一反的论说方式，辩证地说明了以自我为中心的弊病及有道者的处世之道。

二十五章

[导读]

　　本章重在描述道体的重要属性。

　　一、"有物混成"：道不是由不同分子或部位组合而成的，而是一个浑朴的、圆满自足的和谐体。

　　二、"先天地生""为天下母"：道不仅在时序上先于天地而存在，而且天下万物又都是由道产生的。

　　三、"独立而不改"：现象界的一切事物都是相对待的，而道却是独一无二的。

　　四、"周行而不殆"：道是个动体，周流不息地运转着。但它本身不会随着运转消失，而是终则有始，更新再始。

　　五、"道大"：道在广度和宽度上是无限延展的。

六、"道法自然"：道以自然作为归宿，道的本性就是自然。"自然"这一观念是老子哲学的基本精神。

有物混成，先天地生。寂兮寥兮[1]，独立而不改[2]，周行而不殆[3]，可以为天下母。吾不知其名，强[4]字之曰道，强为之名曰大[5]。大曰逝[6]，逝曰远，远曰反[7]。

故道大，天大，地大，人亦大[8]。域中[9]有四大，而人居其一焉。

人法地，地法天，天法道，道法自然[10]。

[注释]

[1] 寂兮：静而无声。寥兮：动而无形。

[2] 独立而不改：形容道的独立和永存。

[3] 周行：有两种解释：一、周作周遍讲，周行指全面运行；二、周作环绕讲，周行指循环运行。不殆：不息。殆，通"怠"。

[4] 强：通行本缺此字，据傅奕本增补。

[5] 大：形容道的没有边际，无所不包。

[6] 逝：指道的行进，周流不息。

[7] 反：《老子》书中的"反"字有两种用法，一作"返"，一作"相

反",本章属前者。

〔8〕 人亦大:通行本作"王亦大"。从"人法地,地法天,天法道"来看,"王"字当作"人"字。

〔9〕 域中:空间之中,犹今人所称宇宙之中。

〔10〕 道法自然:道纯任自然,自己如此。

[译文]

有一个浑然一体的东西,在天地形成以前就存在。听不见它的声音也看不见它的形体,它独立长存而永不休止,循环运行而生生不息,可以为天地万物的根源。我不知道它的名字,勉强叫它作"道",再勉强给它起个名字叫作"大"。它广大无边而周流不息,周流不息而伸展遥远,伸展遥远而返回本原。

所以说:道大,天大,地大,人也大。宇宙间有四大,而人是四大之一。

人取法地,地取法天,天取法道,道纯任自然。

[赏析与点评]

一、"大曰逝,逝曰远,远曰反"一句重点描述了道的周行而不殆,和十六章的"观复"、四十章的"反者道之动"相呼应。美国学者安乐哲(Roger T.Ames)在《道不远人——比较哲学视域中的〈老子〉》一书中特别关注道的这重属性,将道的周行而不殆概括为"道家过程宇宙论",认为这种宇宙论的特征在于强调相互关联性、过程性、流动性和创造性。

二、从"道大,天大,地大,人亦大"一句来看,老子一方面将神移出道的理想园地,另一方面将人提携至与道、天、地平等的地位,视作"四大"之一。并且,正如徐复观先生所说,道家的宇宙论是为了回答人生的问题,从而"逐步向上面推求,推求到作为宇宙根源的处所,以作为人生安顿之地","在宇宙根源的地方来决定人生与自己根源相应的生活态度,以取得人生的安全立足点。所以道家的宇宙论,实即道家的人性论"。(《中国人性论史·先秦篇》)

二十六章

[导读]

本章主"静""重",评"轻""躁",强调厚重、静定才是一国之君修身、治国的根本。

重为轻根,静为躁君。是以君子[1]终日行不离辎重[2]。虽有荣观[3],燕处[4]超然。奈何万乘之主[5],而以身轻天下[6]?

轻则失根[7],躁则失君。

[注释]

〔1〕 君子:通行本作"圣人",据帛书本改正。

〔2〕 辎重：军中载器械粮草的车。

〔3〕 荣观：指华丽的生活。荣，豪华，高大。观，台观，楼观。

〔4〕 燕处：安居。

〔5〕 万乘之主：指大国的君主。乘，车数。万乘，指拥有兵车万辆的大国。

〔6〕 以身轻天下：任天下而轻用自己的生命。

〔7〕 根：通行本作"本"，据《永乐大典》和俞樾之说改正。

［译文］

厚重是轻率的根本，静定是躁动的主帅。

因此，君子整天行走不离开载重的车辆。虽然有华丽的生活，却安居泰然。为什么身为大国的君主，还轻率躁动以治天下呢？

轻率就失去了根本，躁动就失去了主体。

［赏析与点评］

老子有感于当时的统治者奢恣轻淫、纵欲自残，所以感叹地说："奈何万乘之主，而以身轻天下？"这是很沉痛的话。一国的统治者，当能静重，而不轻浮躁动，轻躁的作风，就像断了线的风筝，立身行事，草率盲动，一无效准。

二十七章

[导读]

  本章承续上章圣人行事持重守静的风格，列举圣人"善行""善言""善数""善闭""善结"的处世方法，说明含藏智慧的圣人"常善救人，故无弃人；常善救物，故无弃物"。

  本章不仅写出有道者善于掌握枢纽、顺任自然以待人接物，更表达了有道者无弃人、无弃物的心怀。具有这种心怀的人，对于善人和不善人都能一律加以善待。特别是对于不善的人，并不因其不善而鄙弃他，一方面要劝勉和感化他，另一方面则是给善人做一个借鉴。

  善行无辙迹[1]，善言[2]无瑕谪[3]，善数[4]不用筹策[5]，善闭无关楗[6]而不可开，善结无绳约[7]而不可解。

是以圣人常善救人，故无弃人；常善救物，故无弃物。是谓袭明[8]。

故善人者不善人之师，不善人者善人之资[9]。不贵其师，不爱其资，虽智大迷，是谓要妙[10]。

[注释]

〔1〕辙：轨迹。迹：足迹，马迹。

〔2〕善言：指善于行"不言之教"。

〔3〕瑕谪：过失。

〔4〕数：计算。

〔5〕筹策：古时候计数的器具。

〔6〕关楗（jiàn）：栓梢。

〔7〕绳约：绳索。

〔8〕袭明：含藏着明。袭，承袭，有保持或含藏的意思。明，指了解道的智慧。

〔9〕资：取资、借资的意思。

〔10〕要妙：精要玄妙。

[译文]

善于行走的,不留痕迹;善于言谈的,没有过失;善于计算的,不用筹码;善于关闭的,不用栓梢却使人不能开;善于捆缚的,不用绳索却使人不能解。

因此,有道的人经常善于做到人尽其才,所以没有被遗弃的人;经常善于做到物尽其用,所以没有被废弃的物。这就叫作保持明境。

所以善人可以作为不善人的老师,不善人可以作为善人的借镜。不尊重他的老师,不珍惜他的借镜,即使是智者,也会迷惑不清。这真是精要玄妙的道理。

[赏析与点评]

本章同时是对"自然无为"思想的引申。"善行""善言"指善于行不言之教,善于处无为之政。"善数""善闭""善结"各句,都是意义相同的譬喻,意谓"以自然为道,则无所容力,亦无所着迹"(林希逸语)。譬喻有道者治国不用有形的作为,而贵无形的因任,因循顺任人、物的自然情状。有道者能够以本明的智慧,去观照人与物,了解人各有才,物各有用,进而做到人尽其才,各因其性地成就他们,所以说"常善救人，故无弃人"；同时做到物尽其用，顺物之性以展现其功能，所以说"常善救物，故无弃物"。这便是"自然无为"的具体表现。

二十八章

[导读]

本章围绕"知其雄,守其雌""知其白,守其黑""知其荣,守其辱"的两两相对展开,这里的"守"不是退缩或回避的意思,而是含有主宰性在里面,是不仅执持"雌""黑""辱"的一面,也还可以运用"雄""白""荣"的一面,是居于最恰切妥当的地方对全局的把握。

知其雄,守其雌[1],为天下溪[2]。为天下溪,常德不离,复归于婴儿。

知其白,守其黑,为天下式。为天下式,常德不忒,复归于无极[3]。

知其荣,守其辱,为天下谷。为天下谷,常德乃足,复归于朴。

朴散则为器^{〔4〕}，圣人用之^{〔5〕}，则为官长^{〔6〕}，故大制不割^{〔7〕}。

[注释]

〔1〕 知其雄,守其雌："雄"譬喻刚强、躁进，"雌"譬喻柔静、谦下。

〔2〕 溪：同"徯"，蹊径。言墨守雌静，当为天下所遵循之蹊径。

〔3〕 无极：中国哲学史上的重要概念，于本章首次出现。王弼注"不可穷也"，这里指道。

〔4〕 器：物，指万物。

〔5〕 之：指朴。

〔6〕 官长：百官的首长，指君主。

〔7〕 大制不割：完善的政治是不割裂的。

[译文]

深知雄强，却安于雌柔，作为天下所遵循的蹊径。作为天下所遵循的蹊径，常德就不会离失，而回复到婴儿的状态。

深知明亮，却安于暗昧，作为天下所效法的范式。作为天下所效法的范式，就不会背离常德，而回复到无极的状态。

深知荣耀，却安于屈辱，作为天下的川谷。作为天下的川谷，常德才可以充足，而回复到真朴的状态。

真朴的道分散成万物，有道的人沿用真朴，则为百官的首长。所以完善的政治是不可割裂的。

[赏析与点评]

本章的"知其雄，守其雌""知其白，守其黑""知其荣，守其辱"正如四十二章的"负阴而抱阳"，强调相反属性的相生相依、相反相成，同时传达着一种内收、凝敛、含藏的精神。美国历史学家理查德·塔那斯（Richard Tarnas）正是从雄强有余而雌柔不足的角度反思西方心灵的，指出"西方心灵的阳刚性质是普遍和基本的"，它"由一种英雄式的冲动支配"，"阳刚的心灵压抑了阴柔的心灵"，因而它必须被克服，必须通过对失去的阴柔性的找寻，才能得以完善。（《西方心灵的激情》）

除"无极"这一概念最早见于本章、见于道家的文献外，中国哲学史上，特别是易学哲学史上的另一个重要概念"太极"，也是最早出现在道家的文献中，那便是《庄子·大宗师》。由此可见道家之于易学传统的建构意义。

二十九章

[导读]

　　本章老子把天下视为"神器",宣示天下是神圣的。因而在施政方面,对"有为"之政提出了警告:治理国家,若强力作为或暴力把持,都将自取败亡。理想的政治应顺任自然,因势利导,一方面要允许差异性和特殊性的存在,不能削足适履;另一方面要舍弃一切过度的措施,去除一切酷烈的政举。

　　将欲取[1]天下而为[2]之,吾见其不得已[3]。天下神器[4],不可为也,不可执也[5]。为者败之,执者失之。

　　故物或行或随,或嘘或吹[6],或强或羸[7],或培或堕[8]。

是以圣人去甚，去奢，去泰[9]。

[注释]

〔1〕取：为，治，犹摄化。

〔2〕为：指"有为"，强力去做。

〔3〕不得已：不可得。已，语气词。

〔4〕天下神器：天下是神圣之物。

〔5〕不可执也：通行本缺此句，据刘师培之说增补。执，把持。

〔6〕嘘：通行本作"歔"，据景龙碑本改正。

〔7〕羸（léi）：羸弱。

〔8〕堕（huī）：毁坏。此句通行本作"或挫或隳"，据帛书本、傅奕本改正。

〔9〕泰：太过。

[译文]

想要治理天下却用强力去做，我看他是不能达到目的了。"天下"是神圣之物，不能强力作为，不能暴力把持。出于强力的，一定会失败；加以把持的，一定会失去。

世间物性不同,人性各别,有的行前,有的随后;有的性缓,有的性急;有的强健,有的羸弱;有的自爱,有的自毁。

所以圣人要去除极端的、奢侈的、过度的措施。

[赏析与点评]

本章老子举出"有为"之政的害处,进而申说"无为"治国的道理。

老子尤其注意到世界的多样性,特别是世人性情的多元而非单一,有不同的心理状态、行为样态,因此圣人应该顺应民情,去除极端、奢侈、过度的措施。所以林语堂在《老子的智慧》中将此章名之为"戒干涉"。

三十章

[导读]

"师之所处,荆棘生焉",老子描述了战争的惨烈和它的触目惊心。人类最愚昧最残酷的行为,就表现在发动战争上。败阵者伤残累累,国破家亡,胜利者付出的代价也是极其惨重的。所以老子警告说"其事好还"——武力横行,终将自食其果;武力暴兴,必定自取灭亡。

以道佐人主者,不以兵强天下。其事好还[1]。师之所处,荆棘生焉。大军之后,必有凶年。

善有果[2]而已,不敢以取强。果而勿矜,果而勿伐,果而勿骄,果而不得已,果而勿强。

物壮[3]则老，是谓不道[4]。不道早已[5]。

[注释]

〔1〕 其事好还：用兵这件事一定会得到还报。
〔2〕 果：效果。有几种解释：一、救济危难；二、完成；三、胜。
〔3〕 壮：武力兴暴。
〔4〕 不道：不合于道。
〔5〕 早已：早死。

[译文]

以道辅助君主的人，不靠兵力逞强于天下。用兵这件事一定会得到还报。军队所到的地方，长满荆棘。大战过后，一定会有荒年。

善用兵的只求达到救济危难的目的，不借用武力来逞强。达到目的却不矜恃，达到目的却不夸耀，达到目的却不骄傲，达到目的却出于不得已，达到目的却不逞强。

凡是气势壮盛的就会趋于衰败，这是不合于道的，不合于道很快就会消逝。

[赏析与点评]

本章"勿矜""勿伐""勿骄"与前章"去甚""去奢""去泰"正相对应。

本章对于当今世界范围内的军事霸权主义仍然具有震慑和警告的作用,尤其是章末的"物壮则老,是谓不道。不道早已",道出了军事霸权主义动辄举兵逞强而自食其果的普遍下场。

"物壮则老"这一命题又见于《老子》第五十五章,体现了古代的辩证思维,讲述着物极必反的道理。向前追溯,这一思路源于《易经》提出的"否极泰来";向后梳理,战国中后期黄老学派对此多有阐发,典型的如《鹖冠子·环流》的"物极则反"。

三十一章

[导读]

本章延续前章对于武力侵略的沉重抨击,在老子看来,用兵是出于"不得已"的——若是为了除暴救民而用兵,也应该"恬淡为上",获胜了也不能得意扬扬,而要"以丧礼处之""以悲哀泣之",这是人道主义的呼声。

夫兵者[1],不祥之器,物或恶之,故有道者不处。

君子居则贵左,用兵则贵右[2]。兵者不祥之器,非君子之器,不得已而用之,恬淡[3]为上。胜而不美,而美之者,是乐杀人。夫乐杀人者,则不可得志于天下矣。

吉事尚左,凶事尚右。偏将军居左,上将军居右,言以丧礼处之。杀人之众，以悲哀[4]泣[5]之；战胜，以丧礼处之。

[注释]

〔1〕 通行本作"夫佳兵者"，"佳"字疑为衍文，据帛书本改正。

〔2〕 古时候的人认为左阳右阴，阳生而阴杀。后文所谓"贵左""贵右""尚左""尚右""居左""居右"都是古时候的礼仪。

〔3〕 恬淡：不欢愉，不浓厚。

〔4〕 悲哀：通行本作"哀悲"，据傅奕本改正。

〔5〕 泣：有两种讲法：一、哭泣；二、泣为"莅"的误写，莅临、对待的意思。

[译文]

兵革是不祥的东西，大家都怨恶它，所以有道的人不使用它。

君子平时以左方为贵，用兵时以右方为贵。兵革是不祥的东西，不是君子所使用的东西。万不得已而使用它，最好要淡然处之。胜利了也不要得意扬扬，如果得意扬扬，就是喜欢杀人。喜欢杀人，就不能在天下得到成功。

吉庆的事情以左方为上，凶丧的事情以右方为上。偏将军在左边，上将军在右边，这是说出兵打仗要用丧礼的仪式来处理。杀人众多，以哀痛的心情去对待；打了胜仗，用丧礼的仪式去处理。

[赏析与点评]

战争与和平是人类面临的重大议题，老子从上一章到这一章反复申说战争的危害，表达了他的反战思想，"以悲哀泣之""以丧礼处之"的战争观更是史无前例的。林明照教授注意到这一点，注意到其中包含的两重寓意："其一，老子将其道论中天道自然观与'慈'的内涵，注入到原本以'慎终追远'为基调的丧礼中；其次，透过丧礼而非嘉礼的仪制，体现了老子对于战争本质的思考。"(《先秦道家的礼乐观》)

鉴往知今，诚如徐梵澄先生所说："此宛如老氏预知欧美社会为言者。……文明愈进然祸患亦以是益深。"(《老子臆解》)相比于使祸患益深的自我中心的立场，我们更应当尊重每个民族自己的生活方式和价值判断，包容多元的文化。

三十二章

[导读]

本章老子用"朴"来形容道的原始无名的状态,侯王若能持守无名之朴的道,持守道的自然无为的特性,人民当能安然自适,各遂其生。道的功用,均调普及,乃是一种真正的平等。

道常无名、朴[1]。虽小[2],天下莫能臣[3]。侯王若能守之,万物将自宾[4]。

天地相合,以降甘露,民莫之令而自均[5]。

始制有名[6],名亦既有,夫亦将知止,知止[7]可以不殆。譬道之在天下,犹川谷之于江海[8]。

[注释]

〔1〕 道常无名、朴：老子以"无名""朴"喻道。朴，乃无名之譬。木之未制成器者，谓之朴。此句历来有两种断句法，一为"道常无名朴"，一为"道常无名，朴（虽小）"，"朴"属下读。考虑到三十七章有"无名之朴"的讲法，所以这里采用第一种断句。

〔2〕 小：道是隐而不可见的，所以用"小"来形容。

〔3〕 通行本"莫能臣"后有"也"字，据楚简本、帛书本删去。

〔4〕 自宾：自将宾服于道。

〔5〕 民莫之令而自均：人们无须指令而道之养物犹甘露之自然均普。

〔6〕 始制有名：即二十八章所说的"朴散则为器"。万物兴作，于是产生了各种名称。"始"是指万物的开始。

〔7〕 知止：知道行事的限度。止，一为适可而止，即行事有个限度；一谓行止，指处身行事。

〔8〕 一说此为倒文，当作"道之在天下，譬犹江海之与川谷"，以"江海"喻道，以"川谷"喻天下万物。

[译文]

道永远是无名而质朴的。虽然幽微不可见，天下却没有人能臣服它。侯王如果能守住它，万物将会自然地归从。

天地间阴阳之气相合降下甘露，人们无须指使它而自然润泽均匀。

万物兴作产生了各种名称，各种名称制定了，就知道有个限度，知道限度，就可以避免危险。

道存在于天下，犹如江海为河川所流注一样。

[赏析与点评]

自古以来，贫富的悬殊都是严重的社会问题。本章的独特之处，便在于提出"天地相合，以降甘露，民莫之令而自均"的平等思想。由天地自然均普地滋养万物，论及圣人自然均普地泽及百姓，展现出一种推天道以明人事的思维方式。

同样的，孔子也注意到贫富悬殊带来的社会问题，为此说，"不患寡而患不均，不患贫而患不安"（《论语·季氏》）。这种思想和近代以来流行的"物竞天择，适者生存"的演化论观点是相对立的。

八十年代初，我在芝加哥大学参加邹谠教授主持的五四运动学术讨论会时就注意到，有些西方学者讨论社会主义思潮时，会将源头上溯至孔、老的这种均平主义。

三十三章

[导读]

本章讲个人修养与自我建立。一个能"自知""自胜""知足""强行"的人,他最重要的品格是能省视自己、坚定自己、克制自己,并且矢志力行,这样才能进一步开展他的精神生命和思想生命。在老子看来,知人、胜人固然重要,但自知、自胜更重要。

知人者智,自知者明。
胜人者有力,自胜者强[1]。
知足者富。
强行[2]者有志。
不失其所者久。

死而不亡[3]者寿。

［注释］

〔1〕 强：含有果决的意思。五十二章"守柔曰强"的"强"字与之用法一样，都是老子的特殊用字。

〔2〕 强行：勤勉力行。

〔3〕 死而不亡：身没而道犹存。

［译文］

了解别人是才智，体悟自己是明哲。

战胜别人是有力量，克服自己是坚强。

知道满足的人富有。

努力不懈的人有志。

不离失根基的人能够长久。

身死而不朽的人才是长寿。

［赏析与点评］

严复在《老子》注中说："'智'如烛，'明'如鉴。"这一章说明人自身修养的问题。黄登山教授《老子释义》注释本章说："此处所说'知人者智'，是指能察贤愚、辨是非而言。能知人就能择其善者而从之，其不善者而改之；所以这种智应属大智。人不但要知人，还要知己。凡是能知己、能恢复本性的人，老子称之曰'明'。总之，智由外而得，明由内而悟。"此外，汤漳平教授注《老子》时，在本章的题解中说道："中国古代士人十分注重自身的品格修养，将自己在社会生活中感悟出来的充满智慧的人生哲理加以总结，成为所谓'格言'，用以律己、治家、诲人，这是中华文化可贵的精神财富。"

三十四章

[导读]

本章说明道的作用。道生长万物，养育万物，使万物各得所需，各适其性，而丝毫不加以主宰。老子借"道"来阐扬顺任自然而"不为主"的精神，意在消解人们占有和支配的冲动。"衣养万物而不为主"，我们从中可以呼吸到爱与温暖的空气。

大道泛兮[1]，其可左右。万物恃之以生而不辞[2]，功成而不有[3]。衣养万物而不为主，常无欲，可名于小；万物归焉而不为主，可名为大。以其终不自为大，故能成其大。

[注释]

〔1〕泛（fàn）兮：广泛流行的样子。

〔2〕辞：有三种解释：一、言辞，称说；二、推辞；三、止息。译文从三。此句通行本作"万物恃之而生而不辞"，据傅奕本改正。

〔3〕功成而不有：通行本作"功成不名有"，据蒋锡昌之说改正。

[译文]

大道广泛流行，无所不到。万物依赖它生长而不止息，有所成就而不自以为有功。养育万物而不自以为主，没有私欲，可以称它为小；万物归附而不自以为主宰，可以称它为大。由于它不自以为伟大，所以才能成就它的伟大。

[赏析与点评]

老子常说"道大"，如二十五章说"道大""强为之名曰大"，说明了道的广大无边。同时，老子又说"道小"，如三十二章"道常无名、朴。虽小"和本章"可名于小"，这里的"小"指的是最细微的地方都有道。老子透过道的大、小问题，展开了宏观和微观两种道论的视野。

三十五章

[导读]

本章讲人君持守自然无为的大道，就能给民众带来平和安泰的生活。侧重在描述大道无形无迹、超言绝相的属性。

执大象[1]，天下往。往而不害，安平太[2]。

乐与饵[3]，过客止。道之出口，淡乎其无味，视之不足见，听之不足闻，用之不足既。

[注释]

〔1〕大象：大道。象，道。

〔2〕 安：乃，于是。太：同"泰"，安宁的意思。

〔3〕 乐与饵：音乐和美食。

[译文]

执守大道，天下人都来归往。归往而不互相伤害，于是大家都平和安泰。

音乐和美食，能使过路的人停步。而道的表述，却淡得没有味道，看它却看不见，听它却听不着，用它却用不完。

[赏析与点评]

老子不止一次地用"象"指道，本章之外，还有十四章的"无物之象"和四十一章的"大象无形"，都用来说明道虽然不落形迹，但却是实存的。

关于这里的以"象"指道，蒋锡昌先生在《老子校诂》中提供了另一种思路，认为"'大象'即指大道而言。盖以道有法象，可为人君之法则，故谓大道为'大象'也。第四十一章'大象无形'，言大道无形也。'执大象，天下往'谓圣人守大道，'则天下万物归往也'"。

三十六章

[导读]

本章通过四组对立的概念：歙与张、弱与强、废与举、取和与，说明对立双方相反相成、互相转化的道理，强调一种辩证的思维方式。老子认为，当事物发展到某一极限的时候，必然会向相反的方向运转，这是他对事态发展的一般规律的分析，是物极必反的道家原则。

将欲歙[1]之，必固[2]张之；将欲弱之，必固强之；将欲废之，必固举[3]之；将欲取[4]之，必固与之，是谓微明[5]。

柔弱胜刚强。

鱼不可脱于渊，国之利器不可以示人。

[注释]

〔1〕 歙（xī）：敛，合。

〔2〕 固：必然，一定。

〔3〕 举：通行本作"兴"，据劳健、高亨之说改正。

〔4〕 取：通行本作"夺"，据《韩非子·喻老》改正。

〔5〕 微明：几先的征兆。

[译文]

将要收合的，必先张开；将要削弱的，必先强盛；将要废弃的，必先兴举；将要取走的，必先给与，这便是几先的征兆——在张开、强盛、兴举、给与之时已经暗含有收合、削弱、废弃、取走的征兆。

柔弱胜过刚强。

鱼不能离开深渊，国家的利器不可以随便耀示于人。

[赏析与点评]

在"柔弱胜刚强"的刚强和柔弱的对峙中，老子宁愿居于柔弱的一端。深入而普遍地观察人事和物性之后，老子了解到"势强必弱"的道理：看来刚强的东西，由于它的彰显外溢，由于它的暴露而不能持久，而看来柔弱的东西，由于它的含藏内敛，往往比较富有韧性，而能够长久。"齿亡舌存"传递的便是这个道理。老子推崇的这种守柔的人格形态，成为士人的一种独特的精神面貌，凝聚着中华民族性格中坚韧的一面。

"柔弱胜刚强"的命题上承续《尚书》《易经》，下影响《易传·象传》。《尚书·洪范》篇说："三德一曰正直，二曰刚克，三曰柔克。"王博教授指出："刚柔对言，于文献盖始于此。老子言刚柔，或即承此而来。又《尚书》认为，须针对不同的情形来运用刚德或柔德，如'沉潜刚克，高明柔克'。可知《洪范》有刚可胜柔，柔能克刚之义，老子主要发挥了'高明柔克'之方面，故盛言柔弱之为用，主'弱能胜强，柔能胜刚'。"（《老子思想的史官特色》）

《易经·履卦》说："履虎尾，不咥人，亨。"踩到老虎尾巴，本是凶险至极之事，为何能迎来老虎不吃人的幸运结局呢？易学家唐明邦说："本卦认为履道险恶，贵在慎、谦。同是'履虎尾'，由于态度不同，结果相反。以恐惧戒慎心情对待，结果'终吉'；自以为'眇能视，跛能履'，趾高气扬，结果被老虎吃掉。可见，谦柔能自保，刚强则丧生，柔弱胜刚强。"

(《周易评注》)

　　"柔弱胜刚强"在《易经·履卦》尚属隐含性的思维,到了《老子》才成为显明性的命题,并影响了《易传·象传》,例如《象传》解说履卦时就说:"履,柔履刚也。"易学与老学的内在联系与相互影响,由此可见一斑。

三十七章

[导读]

　　本章围绕老子的政治理想展开。老子认为统治者应顺任自然，要做到清净、真朴、不贪、不奢、不搅扰人民、不扩张私欲，让人民自我化育、自我实现、自我发展、自我完成——无为而自化。这样，人们的生活便可以获得安宁，社会也能趋于安定。

　　道常无为而无不为[1]。

　　侯王若能守之，万物将自化[2]。化而欲作，吾将镇之以无名之朴。无名之朴，夫亦将不欲。不欲以静，天下将自正。

[注释]

〔1〕无为而无不为：无为，顺其自然，不妄为。无不为，无所不能为。

〔2〕自化：自我化育，自生自长。

[译文]

道永远是顺任自然的，然而没有一件事不是它所为。

侯王如果能持守它，万物就会自生自长。自生自长而至贪欲萌作时，我就用道的真朴来安定它。用道的真朴来安定它，就不会起贪欲。不起贪欲而趋于宁静，天下便自然复归于安定。

[赏析与点评]

"无为"是《老子》书中至关重要的一个概念，可以分作三个层次："无为""为无为""无为而无不为"。

"无为"谈圣人的处事治国之道，如说"圣人处无为之事"（二章）、"我无为，而民自化"（五十七章）。"为无为"更进一步地指出圣人的这种处事治国之道是用"无为"的方式去"为"，如说"为无为，则无不治"（三章）。"无为而无不为"则是谈这样一种用"无为"的方式去"为"的功用，老子强调统治者要效法天道自然无为以辅养万物，用顺任人性的态度来处理政务，以潜移默化的方式来教导民众，就能收到很好的效果（"无不为"）。胡适曾说："'道常无为而无不为'，这是自然主义宇宙观的中心观念。这个观念又是一种无为放任的政治哲学的基石。"（《中国哲学里的科学精神与方法》）

三十八章

[导读]

老子身处"礼崩乐坏"的时代,作为修身和治国原则的"道""德""仁""义""礼"接连丧失。礼已经演变为繁文缛节,拘锁着人心,所以老子感慨地说:"礼者,忠信之薄,而乱之首",礼最重要的内涵是忠信,如果忠信不足的话,社会便要陷入祸乱。为此,老子特别提醒人们要"处其厚""处其实",希望人们重视伦理原则和规范的内在精神而非它的外在形式。

上德不德[1],是以有德;下德不失德[2],是以无德。上德无为而无以为[3];〔下德为之而有以为[4]。〕上仁为之而无以为;上义为之而有以为。上礼为之而莫之应,则攘臂而扔之〔5〕。

故失道而后德，失德而后仁，失仁而后义，失义而后礼。夫礼者，忠信之薄〔6〕，而乱之首〔7〕。

前识者〔8〕，道之华〔9〕，而愚之始。是以大丈夫处其厚〔10〕，不居其薄〔11〕；处其实，不居其华。故去彼取此〔12〕。

[注释]

〔1〕 上德不德：上德的人不自恃有德。

〔2〕 下德不失德：下德的人恪守着形式上的德。

〔3〕 上德无为而无以为：上德的人顺任自然而无心作为。以，有心，故意。

〔4〕 下德为之而有以为："有以为"和"无以为"说的是有没有模拟造作，有模拟造作就是"有以为"，没有模拟造作就是"无以为"。帛书甲、乙本和《韩非子·解老》均无此句，为汉时衍入，当删除。

〔5〕 上礼为之而莫之应：上礼的人有所作为而得不到响应。攘臂而扔之：伸出手臂使人强从。扔之，即引之、拽之，强迫人服从。

〔6〕 薄：衰薄，不足。

〔7〕 乱之首：祸乱的开端。

〔8〕 前识：指预设种种礼仪规范。者：表提顿，无义。

〔9〕 华：虚华，非实质的。礼仪规范乃道之其次者，故曰"华"。

〔10〕 处其厚：立身敦厚。

〔11〕 薄：浇薄。

〔12〕 去彼取此：舍弃薄华，采取厚实。

[译文]

上德的人不自恃有德，所以实是有德；下德的人刻意求德，所以没有达到德的境界。上德的人顺任自然而无心作为；上仁的人有所作为却出于无意；上义的人有所作为且出于有意。上礼的人有所作为而得不到响应，于是就扬着胳膊使人强从。

所以丧失道就会失去德，失了德就会失去仁，丧失了仁就会失去义，失了义就会失去礼。礼最重要的内涵是忠信，如果忠信不足，祸乱就要开始了。

预设的种种规范，不过是道的虚华，是愚昧的开始。因此大丈夫立身敦厚，而不居于浇薄；存心笃实，而不居于虚华。所以舍弃薄华而采取厚实。

[赏析与点评]

本章中间一段"失道而后德，失德而后仁，失仁而后义，失义而后礼",我们一般多只留意它表面的批判性,却忽略了隐含于其中的正面意涵。

从对现实的批判来看,老子客观地意识到,在"道""德""仁""义""礼"逐层下降的过程中,人际关系越来越外在化,人的内在精神不断被斫伤,自发自主的精神逐渐消失,仅靠一些外在的规范把人的思想行为拘锁在固定的形式中。当代学者常据此认为,老子绝弃仁、义、礼,将其视为道、德衰败之后的产物,视为负面的价值。这实际上是没有从更宽广的层面上来理解老子。

正面地看,这四句在《韩非子·解老》一篇中作"失道而后失德,失德而后失仁,失仁而后失义,失义而后失礼",意谓仁、义、礼等伦理原则和规范,必须以自然质朴的道、德作为根基,如果失去了道、德的根基,那么仁、义、礼也将随之崩塌。道、德、仁、义、礼这五者环环相扣,具有连锁性的影响。这是比较符合老子对于伦理道德的看法的理解。

此外,老子在本章前半段谈到"上德""上仁""上义""上礼","上"字寄托的正是老子理想的德、仁、义、礼的形态。这也说明老子不是一味地绝弃仁、义、礼,而是有着更宏阔的整体性视野,需要我们辩证地加以理解和把握。

三十九章

[导读]

本章前半段讲道的作用,说明道是构成一切天地万物所不可或缺的要素。

本章的重点在于讲侯王的得道,所以后半段提示作为执政者的侯王要能处下、居后、谦卑,要能体悟道的这种属性。有道的人君当如大厦的基石,要能"珞珞如石",朴质坚忍。

昔之得一者[1]:天得一以清,地得一以宁,神得一以灵,谷得一以盈,万物得一以生,侯王得一以为天下正[2]。

其致之也[3],谓[4]天无以清,将恐裂;地无以宁,将恐废〔5〕；神无以灵，将恐歇；谷无以盈，将恐竭；万物无以生，将恐灭；侯王无以正〔6〕，将恐蹶。

故贵以贱为本，高以下为基。是以侯王自称〔7〕孤、寡、不谷〔8〕。此非以贱为本邪？非乎？故至誉无誉〔9〕。是故不欲琭琭〔10〕如玉，珞珞〔11〕如石。

[注释]

〔1〕 得一：即得道，"一"是道的代称。

〔2〕 正：通行本作"贞"，据帛书本改正。

〔3〕 其致之也：推而言之。通行本缺"也"字，据帛书本增补。

〔4〕 通行本缺"谓"字，据帛书本增补。

〔5〕 废：通行本作"发"，据严灵峰之说改正。

〔6〕 正：通行本作"贵高"，据赵至坚本和严灵峰之说改正。

〔7〕 自称：通行本作"自谓"，据范应元本改正。

〔8〕 孤、寡、不谷：都是侯王的谦称。"孤""寡"是谦虚地说自己孤德、寡德。不谷，有不善的意思。

〔9〕 至誉无誉：最高的称誉是无须夸誉的。通行本作"致数舆无舆"，据《庄子》和高延第之说改正。

〔10〕 琭琭（lù）：形容玉的华丽。通行本缺"是故"二字，据帛书本增补。

〔11〕 珞珞（luò）：形容石块的坚实。

[译文]

　　从来凡是得到"一"（道）的：天得到"一"而清明，地得到"一"而宁静，神得到"一"而灵妙，河谷得到"一"而充盈，万物得到"一"而生长，侯王得到"一"而使天下安定。

　　推而言之，天不能保持清明，难免要崩裂；地不能保持宁静，难免要震溃；神不能保持灵妙，难免要消失；河谷不能保持充盈，难免要涸竭；万物不能保持生长，难免要绝灭；侯王不能保持清静沉稳，难免要倾覆。

　　所以贵以贱为根本，高以下作为基础。因此侯王自称为"孤""寡""不谷"。这不是把低贱当作根本吗？岂不是吗？所以最高的称誉是无须夸誉的。因此不愿像玉那样华丽，宁可如石块般坚实。

[赏析与点评]

　　本章的"一"是指万物统一的根源，未分的整体，即道。十四章"混而为一"的"一"也是指道。这是"一"的哲学意涵。"一"在文化上的意涵表现为中国自古以来大一统的形态。历史地理学者唐晓峰说道:"我们一般把'统一中国'的功劳归于秦始皇,而说周代是一个分封割据的社会。但是在许多观念上,特别是在地理观念上,'一统'化或一体化的东西早已在周代大量出现了。除了'禹迹'这个仍带有原始痕迹的一体性地域概念外,周人还说:'普天之下,莫非王土','王土'也是一体,是更成熟的一体性地域概念,'九州'则是它的分区。"(《人文地理随笔》)老子作为周代的史官,他将"一"上升为一个抽象的哲学范畴,恐怕正是以这种文化上的一体观念作为基础的。文化和哲学之间有着一种历史的连续性。

此外,老子又通过"贵以贱为本,高以下为基"告诫统治阶层要注意基层百姓,这里同样蕴含了物极必反、相反相成的事物发展规律。

四十章

[导读]

本章可以视为老子"道论"的枢纽,分作两个部分:一是总结道的体用,二是说明道生万物的演化过程。由此引出后面第四十二章对于创生各环节的具体描写。

反[1]者道之动,弱[2]者道之用。
天下万物生于有[3],有生于无[4]。

[注释]

〔1〕反:通常有两种讲法:一、相反,对立面;二、返,循环。

此处之"反"即"返",郭店楚简本作"返"。

〔2〕 弱:柔弱,柔韧。

〔3〕 有:和第一章"有,名万物之母"的"有"相同,但和第二章"有无相生"及十一章"有之以为利"的"有"不同,第二章和十一章的"有",是指现象界的具体存在物,而本章的"有"则是指道生万物的有形质的活动过程。

〔4〕 有生于无:郭店楚简本作"生于有,生于无","有生于无"疑为后出。

[译文]

道的运动是循环的,道的作用是柔弱的。

天下万物生于有,有生于无。

[赏析与点评]

一、《老子》书中的"反"既有"返"的含义,又有"反"的含义。本章和二十五章的"远曰反",都是循环往复意义上的"反",描述的是道体周而复始、再始更新的运行状态。而相反对立意义上的"反",则见于六十五章的"与物反矣"和七十八章的"正言若反"。老子认为,道体是恒动的,由道所产生的事物也遵循着相反相成的运动变化规律，经历着再始更新的运动变化过程。

二、相比于楚简本的"生于有，生于无"，通行本的"有生于无"尽管只多出一个"有"字，但指向的问题却全然不同。"有生于无"谈的是道生万物的宇宙演化的问题，"无"和"有"描绘的是道创生天地万物时由无形质落向有形质的活动过程。而"生于有，生于无"谈的则是本体论的问题，"无"和"有"是一种并列的关系，而非递进的关系，指的是道体自身一体两面的属性——无限性和实存性，属于形而上学层面的概念，而非它创生天地万物的中间形态。

四十一章

[导读]

本章勾画了"道""德"的深邃、内敛、冲虚和含藏的特性。它的显现不是外炫的,而是返照的,所以不易为一般人所觉察。

老子在此引用了十二个古人的格言,其特点是两两对反、相互彰显,以正言若反的方式说明道的超越性。

上士闻道,勤而行之;中士闻道,若存若亡;下士闻道,大笑之。不笑,不足以为道。

故建言[1]有之:

明道若昧,进道若退,夷道[2]若颣[3]。

上德若谷,大白若辱,广德若不足,建德若偷[4],

质真若渝[5]。

大方无隅[6]，大器晚成。

大音希声，大象无形，道隐无名。

夫唯道，善贷[7]且成。

[注释]

〔1〕建言：立言。

〔2〕夷道：平坦的道。

〔3〕颣(lèi)：不平。

〔4〕建德若偷：刚健的"德"好像懈怠的样子。建，通"健"。偷，作"惰"解。

〔5〕渝：变。

〔6〕大方无隅：最方正的却没有棱角。

〔7〕贷：施与。

[译文]

上士听了道，努力去实行；中士听了道，将信将疑；下士听了道，哈哈大笑。不被嘲笑，那就不足以成为道。

所以古时候立言的人说过这样的话：

光明的道好似暗昧，前进的道好似后退，平坦的道好似崎岖。

崇高的德好似低下的川谷，最纯洁的心灵好似含垢的样子，广大的德好似不足的样子，刚健的德好似懦弱的样子，质朴纯真好似随物变化的样子。

最方正的好似没有棱角，贵重的器物总是最后完成。

最大的乐声反而听来无声响，最大的形象反而看不见形迹，道幽隐而没有名称。

只有道，善于辅助万物并使它完成。

[赏析与点评]

一、"士"在春秋末期已经成为一个独立的阶层，儒道两家对"士"虽都有谈论，但角度不尽相同。吴宏一教授注意到："士这个阶层，《论语》一书所记载的，几乎都环绕着士人如何学习、如何为人处世的话题。《老子》一书则不同，大致是对执政者而发，往往古之圣人的格言教训，告诉统治者如何因应人民，而不是针对士人这个阶层来立说。"(《老子新绎》)

二、"大音希声"一句既取象于开篇"闻道"的议题，又旨在传递"以乐显道"的意趣。林明照教授指出："'大音希声'之意即为:最极致的乐音,乃是能体现道的希淡平和之音,而这希淡之声正能带给人内心平和悠远的感受。"(《先秦道家的礼乐观》)

四十二章

[导读]

　　本章分为两个部分：第一部分"道生一"等句，是老子宇宙生成论、演化论的重要篇章；第二部分"人之所恶"数句，在于提醒人们不要骄矜恃气，应谦虚自守，从文义上看，似为三十九章错移至本章。

　　道生一，一生二，二生三，三生万物[1]。
　　万物负阴而抱阳[2]，冲气以为和[3]。
　　人之所恶，唯孤、寡、不谷，而王公以为称。故物或损之而益，或益之而损。人之所教，我亦教之。强梁者不得其死，吾将以为教父。

[注释]

〔1〕 道生一,一生二,二生三,三生万物:这是老子著名的万物生成论,描述道生成万物的过程。这一过程由简至繁,因此他用一、二、三的数字来代指。

〔2〕 负阴而抱阳:背阴而向阳。

〔3〕 冲气以为和:阴阳二气互相交冲而成均调和谐状态。冲,交冲,激荡。冲气,指阴阳二气相激荡。和,有两种讲法:一、指阴阳合和的均调状态;二、在阴阳二气之外,还有另一种气,叫作"和气"。

[译文]

道是独立无偶的,混沌未分的统一体产生天地,天地产生阴阳二气,阴阳二气相交而形成各种新生体。

万物背阴而向阳,阴阳两气互相激荡而形成新的和谐体。

人所厌恶的就是"孤""寡""不谷",但是王公却用来称呼自己。所以一切事物,减损它有时反而得到增加,增加它有时反而受到减损。别人教导我的,我也用来教导人。强暴的人不得好死,我把它当作施教的张本。

[赏析与点评]

本章老子用"一"来形容道向下落实的未分状态。混沌不分的道,实已禀赋阴阳二气,即《易传》所谓"一阴一阳之谓道"。由此,"二"便是指道所禀赋的阴阳二气,而这阴阳二气便是构成万物最基本的原质。道再向下落渐趋于分化,阴阳二气的活动也渐趋于频繁。"三"指的则是阴阳二气互相激荡而形成的均调状态,每个新的和谐体都是在这种状态中产生的。

事实上,老子在本章已经隐含性地创立了气化宇宙论的思想,这一思想经过庄子,比如《庄子·至乐》的"杂乎芒芴之间,变而有气,气变而有形,形变而有生",比如《庄子·知北游》的"人之生,气之聚也。聚则为生,散则为死。……通天下一气耳",逐渐形成中国哲学的"气化论"传统。从汉到唐,气化宇宙论成为儒道两家共同的形而上学基础。

此外,值得注意的是,老子在本章又将"阴""阳"上升为哲学范畴,正如朱伯崑先生所说:"到了战国时期,道家的创始人老子,发展了春秋时代的阴阳说,以阴阳为哲学范畴,解释天地万物的性质。……认为二气相交则生万物,所以万物都具有阴阳两个方面的性质。《老子》的阴阳说在战国时代起了很大影响。道家老庄学派和黄老学派都以阴阳范畴说明万物的性质及其变化的过程。"(《易学哲学史》第一卷)

四十三章

[导读]

本章强调"柔弱"的作用与"无为"的效果。水是最柔不过的东西,却能穿山透地。老子以水来比喻柔能胜刚的道理。而"有为"的措施乃是刚强的表现,是为政者所应戒惕的。

天下之至柔,驰骋[1]天下之至坚。无有入无间[2]。吾是以知无为之有益。

不言之教,无为之益,天下希及之。

[注释]

〔1〕驰骋:形容马的奔走,这里作"驾御"讲。

〔2〕 无有入无间：无形的力量能穿透没有间隙的东西。无有，指不见形相的东西，即道。无间，没有间隙。

[译文]

天下最柔韧的东西，能驾御天下最坚硬的东西。无形的力量能穿透没有间隙的东西，我因此知道无为的益处。

不言的教导，无为的好处，天下人很少能够做得到。

[赏析与点评]

和第六章的"绵绵若存，用之不勤"、四十章的"弱者道之用"一样，本章也特别强调柔弱的作用力。徐复观先生便曾指出：正是因为"作用之柔弱而创生不疲劳，便可以永恒地创造下去。柔弱之至，即是无为。柔弱之至，使万物不感到是被创造的，而是自生自长的"，柔弱可以说是对无为的更形象的表达。"在老子的以柔弱为主的人生态度的后面，实有一种刚大自主的人格的存在"。(《中国人性论史·先秦篇》)

四十四章

[导读]

　　本章重在讨论生命和名利哪个重要。常人多轻身而徇名利，贪得而不顾危亡。老子意在唤醒世人要珍重生命，不可为名利而奋不顾身。

　　名与身孰亲？身与货孰多[1]？得与亡[2]孰病？
　　甚爱必大费[3]，多藏必厚亡[4]。
　　故[5]知足不辱，知止不殆，可以长久。

[注释]

　　[1] 多：重的意思。

〔2〕 得：指得名利。亡：指亡失生命。

〔3〕 甚爱必大费：过于爱名就必定要付出很大的耗费。通行本此句前有"是故"二字，据帛书甲本删去。

〔4〕 多藏必厚亡：丰厚的藏货必定会招致惨重的损失。

〔5〕 故：通行本无此字，据帛书甲本增补。

[译文]

声名与生命比起来哪一样亲切？生命和货利比起来哪一样贵重？得到名利和丧失生命哪一样为害？

过分地爱名就必定要付出重大的耗费，过多地藏货就必定会招致惨重的损失。

所以知道满足就不会遭受屈辱，知道适可而止就不会带来危险，这样才可以保持长久。

[赏析与点评]

老子强调对于名利的追逐要能"知足""知止"，"知足""知止"才是长久平安的法宝。在人生修养的议题上，这里谈到的"甚爱必大费，多藏必厚亡"，是很有道理的话，同样适用于今天。放眼望去，随处可见人们在求夺争攘的圈子里翻来滚去，其间的得失存亡，其实是很明显的。

四十五章

[导读]

本章是对"大成""大盈"的人格形态的描述;"若缺""若冲""若屈""若拙""若讷",都说明完美的人格不在外形上表露,而是内在生命的含藏内敛。

"躁胜寒,静胜热。清静为天下正。"说明对反的事物可以相互制衡,最终归于清静无为这一最高原则。

大成[1]若缺,其用不弊。
大盈若冲[2],其用不穷。
大直若屈,大巧若拙,大辩若讷。
躁胜寒,静胜热。清静为天下正。

[注释]

〔1〕 大成：最完满的东西。

〔2〕 冲：虚。

[译文]

最完满的东西好像有欠缺一样，但是它的作用是不会衰竭的。

最充盈的东西好像是空虚一样，但是它的作用是不会穷尽的。

最正直的东西好像是弯曲一样，最灵巧的东西好像是笨拙一样，最卓越的辩才好像是口讷一样。

疾动可以御寒，安静可以耐热。清静无为可以做人民的模范。

[赏析与点评]

"清静为天下正"，这句口耳相传的名言，正出自《老子》这里。

本章一连串的格言,如"大成若缺""大盈若冲""大直若屈""大巧若拙""大辩若讷",正是老子两两对反又相辅相成的辩证思维的体现,以此说明君主若能遵守大道清静无为的行事原则,则可以成为社会大众的典范。

四十六章

[导读]

战争的起因,大半是由于侵略者的野心勃勃、贪得无厌而不知足、不知止,结果侵人国土,伤人性命,带来无穷的灾难。老子指陈主政阶层多欲生事的危害,告诫为政者要清静无为,收敛侵占的意欲。

天下有道,却走马以粪[1];天下无道,戎马[2]生于郊[3]。

咎[4]莫大于欲得,祸莫大于不知足[5]。故知足之足,常足矣。

[注释]

〔1〕却：屏去，退回。粪：耕种。

〔2〕戎马：战马。

〔3〕生于郊：字面上是指母马生驹犊于战地的郊野。生，有大兴戎马于郊野的意思，因而引申为兴兵征战。与前句"却走马"正相对照。

〔4〕咎：罪过。

〔5〕咎莫大于欲得，祸莫大于不知足：通行本作"祸莫大于不知足，咎莫大于欲得"，据楚简本上下句互移。

[译文]

国家政治上轨道，把运载的战马还给农夫用来耕种。国家政治不上轨道，便大兴戎马于郊野而发动征战。

祸患没有大过不知足的，罪过没有大过贪得无厌的。所以懂得满足的这种满足，将是永远的满足。

[赏析与点评]

本章和三十章、三十一章都是明确地反战的篇章，沉痛抨击当时兵马倥偬、互相杀伐的武力侵略情景，及其给百姓带来的灾难。本章老子以敏锐的眼光观察到马匹的用途和天下有道无道的关系,天下有道时马匹用来从事农业生产,天下无道时则大兴戎马征战。老子不以君王权力的扩张为重,而是以百姓生活是否安定为念,具有兼济天下的胸怀。同样地,孔子也反对战争,主张尚德而不尚力,如说"骥不称其力,称其德也"(《论语·宪问》)。他们不仅流露出浓厚的人文情怀,更具有强烈的社会使命感和关怀心,成为后世知识分子群体效法的榜样。

四十七章

[导读]

　　老子重视向内的自省。他认为我们的心思如果一味向外奔驰将会使思虑纷杂，精神散乱。一个轻浮躁动的心灵，自然无法明澈地透视外界事物，所以老子说："其出弥远，其知弥少。"

　　老子认为世界上一切事物都依循某种规律运行着，掌握了这种规律，当可洞察事物的真情实况。为此，我们应当透过自我修养的功夫，作内观返照，清除心灵的蔽障，以本明的智慧、虚静的心境，去览照外物，去了解事物运行的规律。

　　不出户，知天下；不窥牖[1]，见天道。其出弥远，其知弥少。

是以圣人不行而知，不见而明[2]，不为[3]而成。

[注释]

〔1〕牖（yǒu）：窗户。

〔2〕明：通行本作"名"，古时"明""名"通用，据《韩非子·喻老》改正。

〔3〕不为：即无为。

[译文]

不出门外，能够推知天下的事理；不望窗外，能够了解自然的法则。越向外奔逐，对道的认识越少。

所以圣人不出行却能感知天下，不察看却能明晓事理，无为而能成功。

[赏析与点评]

关于注重人的内在精神的"不行而知，不见而明"这一思想，徐梵澄先生在《老子臆解》中注释此章时曾说："人之智性，本至灵至明，不囿于耳目之知。"进而，他将人类的认知分作三个层次,一是"识之知",二是"智之知",三是"明",说"识之知,见闻之类也;智之知,思虑之谓也。明则超乎见闻、思虑",强调超越于见闻、思虑的灵明的重要性,同时也强调见闻、思虑的"不可废",强调要"内外交修"("识与智,犹外也;灵明,内也"),拓展了老子此章的意蕴。

我们可以笼统地说,东方型的思想都有这种基本的认定。强调这一点是因为,西方思想家或心理分析学家对此持有截然不同的理解,他们认为人类心灵的最深处是焦虑不安的,愈向心灵深处挖掘,愈会发觉它是暗潮涌动、翻腾不宁的。

四十八章

[导读]

本章前两句"为学日益,为道日损"谈为学与为道的差异,由"损"的原则引出"无为"的议题,并延伸至政治领域。

"为学"的对象是外在的经验知识,经验知识愈积愈多;"为道"则致力于探讨事物的本质,尤其致力于提升人的精神境界。当今的哲学工作,既要"为学",更要"为道"。

为学[1]日益,为道[2]日损。损之又损,以至于无为。无为而无不为[3]。取天下常以无事[4],及其有事[5],不足以取天下。

[注释]

〔1〕 为学：指探求外物的知识活动。

〔2〕 为道：通过冥想或体验以领悟事物未分化状态的道。

〔3〕 无为而无不为：不妄为，就没有什么事情是做不成的。

〔4〕 取：为，治，犹摄化。无事：即无扰攘之事。

〔5〕 有事：政举繁苛。这里的"事"，犹如"惹事"的"事"。

[译文]

求学一天比一天增加（知见），求道一天比一天减少（智巧）。减少又减少，一直到无为的境地。

如能无为那就没有什么事情是做不成的了。治理国家要常清静不扰攘，一旦政举繁苛，就不配治理国家了。

[赏析与点评]

张岱年先生指出："主损的思想，创始于老子。老子是第一个分别损与益的人。"（《中国哲学大纲》）

仔细说来，老子"损""益"的概念可以上溯至《易经》，其中的损、益两卦讲的正是《老子》第四十二章"物或损之而益，或益之而损"的道理。不同的是，损、益两卦的经文属于占筮之辞，到了老子才赋予它们哲学化的解释，用以说明事物向对立面转化的辩证关系，成为一种普遍的原则。本章老子更用这个普遍的原则区分"为学"和"为道"的实践，并用"损"的原则更进一步地解释"无为"，由此提出"为学日益，为道日损。损之又损，以至于无为"的名言。

四十九章

[导读]

理想的统治者,一方面收敛自我的成见和意欲,破除自我中心去体认百姓需求;一方面以善心去对待任何人(无论善与不善),以诚心去对待一切人(无论守信与不守信),具有"无弃人""无弃物"(二十七章)的人道主义精神。

圣人常无心[1],以百姓心为心。

善者,吾善之;不善者,吾亦善之,德善。

信者,吾信之;不信者,吾亦信之,德信。

圣人在天下,歙歙焉[2],为天下浑其心[3]。百姓皆注其耳目[4],圣人皆孩之[5]。

[注释]

〔1〕 常无心：通行本作"无常心"，据帛书乙本改正。

〔2〕 歙（xī）：收敛，指收敛主观的意欲。通行本缺"焉"字，据帛书本、傅奕本增补。

〔3〕 浑其心：使人心思化归于浑朴。

〔4〕 百姓皆注其耳目：百姓都专注于他们自己的耳目。指百姓竞相用智，各用聪明，从而产生各种的纷争巧夺。

〔5〕 圣人皆孩之：圣人怀抱浑厚淳朴之心对待百姓。孩之，使人像小孩那样单纯淳朴。

[译文]

圣人没有主观成见，以百姓的心为心。

善良的人，我善待他；不善良的人，我也善待他，这样可使人人向善。

守信的人，我信任他；不守信的人，我也信任他，这样可使人人守信。

圣人在位，收敛自己的主观成见和意欲，使人心思化归于浑朴，百姓都投注他们自己的耳目，圣人怀抱浑厚淳朴之心对待百姓。

[赏析与点评]

本章最令人关注与感怀的,就是"圣人常无心,以百姓心为心"一句。老子认为,理想的执政阶层,应当以大公无私的心念去体认百姓的需求,敞开彼此隔阂的通路。这与孔子"修己以安百姓"(《论语·宪问》)的社会关怀是相通的。两千年前的老、孔,心系百姓、关怀民瘼,传递着朴素的民本思想。

五十章

[导读]

　　本章由人的寿夭问题谈到生命的养护问题，即"摄生"。老子认为，人生在世，本来可以活得长久，但是人们往往贪餍好得，伤残身体，自己糟蹋了生命。只有极少数的人，善于护养自己的性命，能做到少私寡欲，过着清静朴质、纯任自然的生活。

　　出生入死[1]。生之徒[2]，十有三[3]；死之徒[4]，十有三；人之生，动之于死地，亦十有三。夫何故？以其生生之厚[5]。

　　盖闻善摄生[6]者，陆行不遇兕[7]虎，入军不被甲兵[8]；兕无所投其角，虎无所用其爪，兵无所容其刃。

夫何故？以其无死地[9]。

[注释]

[1] 出生入死：人出世为生，入地为死。这句有两种解释：一、人离开生路，就走进死路；二、人始于生而终于死。

[2] 生之徒：属于长命的。徒，类，属。

[3] 十有三：十分中有三分，即十分之三。

[4] 死之徒：属于短命的。

[5] 生生之厚：厚自奉养以求生。

[6] 摄生：养生。摄，调摄，养护。

[7] 兕（sì）：犀牛。

[8] 入军不被甲兵：战争中不会被杀伤。

[9] 无死地：没有可以致死的地方。

[译文]

人出世为生，入地为死。属于长寿的，占十分之三；属于短命的，占十分之三；人过分地奉养生命，妄为而走向死路的，也占了十分之三。为什么呢？因为奉养太过度了。

听说善于养护生命的人，在陆地上行走不会遇到犀牛和老虎，在战争中不会被杀伤；犀牛用不上它的角，老虎用不上它的爪，兵器用不上它的刃。为什么呢？因为他身上没有可以致死的地方。

[赏析与点评]

　　本章主旨是"摄生"，谈论养护生命所达到的境界。庄子尤其发展了这个议题，比如《养生主》篇中文惠君听闻庖丁解牛之言，领会养生的道理。庄子笔下的养生之主，是由内修达到精神境界的提升，方法有二：一种是《人间世》篇讲的"心斋"，另一种是《大宗师》篇讲的"坐忘"。

五十一章

[导读]

本章说明道的创生性和万物活动的自发性——这种自发性不仅是道所蕴含的特有精神，也是老子哲学的基本精神。

万物生长的过程是：一、万物由道产生；二、道生万物之后，又内在于万物，成为万物各自的本性——道分化于万物即为德；三、万物依据各自的本性而发展个别独特的存在；四、周围环境的培养，使各物生长成熟。道、德的尊贵，在于顺任各物自我化育、自我完成。

道创生万物并不含有意识性，也不带有目的性，所以说："生而不有，为而不恃，长而不宰。""生""为""长"（生育、兴作、长养）说的是道的创生功能，"不有""不恃""不宰"说的是道不具占有的意欲，在整个创生过程中，完全是自然的，万物的生长活动也完全是自由的。

道生之，德畜之，物形之，势[1]成之。是以万物莫不尊道而贵德。道之尊，德之贵，夫莫之命而常自然[2]。

故道生之，德畜之，长之育之[3]，亭之毒之[4]，养之覆之[5]。生而不有，为而不恃，长而不宰，是谓玄德[6]。

[注释]

[1] 势：有三种解释：一、环境；二、力，内在的势能；三、对立。今从环境解。

[2] 莫之命而常自然：不加以干涉，而让万物顺任自然。

[3] 长之育之：使万物成长发育。

[4] 亭之毒之：有两种解释：一、定之安之；二、成之熟之。今从一，意思是使万物安宁其心性。

[5] 养之覆之：抚育保护万物。

[6] 玄德：最深的德。以上四句重见于第十章。

[译文]

道生成万物，德畜养万物，万物呈现各种形态，环境使各物成长。所以万物没有不尊崇道而珍贵德的。道所以受尊崇,德所以被珍贵,就在于它不加干涉,而顺任自然。

所以道生成万物,德畜养万物,使万物成长作育;使万物安宁心性;使万物爱养调护。生长万物却不据为己有,兴作万物却不自恃己能,长养万物却不为主宰,这就是最深的德。

[赏析与点评]

一、"势成之"帛书甲、乙本均作"器成之"。若依此,则老子在此谈论的便是道器关系。如三十二章的"道常无名、朴",二十八章的"朴散则为器",这里老子用"朴"来形容无可名状的道体,用"器"来泛指世间的器物。将这两章放在一起,可以看出其中隐含的道器之间的关系,帛书本作"器成之",可相为证。

道器问题在《老子》书中并未显题化,它真正成为一个显明性的哲学议题要等到《易传·系辞》。《易传·系辞》不仅继承了《老子》的这部分思想,还在诠释的过程中,完成了道器议题的显题化,使之成为一对重要的哲学范畴,所谓"形而上者谓之道,形而下者谓之器"。此后,道/器、体/用、形而上/形而下等概念,逐渐成为中国古代哲学的重要术语,并且逐渐形成用抽象/具体、本质/现象等范畴划分的思考方式。

二、老子思想是积极正面的而不是消极负面的，如第二章"生而不有，为而不恃，功成而弗居"句中，"生""为""功成"都是积极的创造，"不有""不恃""弗居"则是强调人在发挥创造力、衣养万物时，应当收敛占有的意志。

英国哲学家罗素概括了人类的两种意志——创造的意志和占有的意志，他认为，人类应当多多发挥创造的意志，收敛占有的冲动。所以罗素很欣赏老子本章的观点，并以此反思西方占有、支配的价值观，他说："老子是这样描述'道'的运作的：'生而不有，为而不恃，长而不宰。'我想，人们可以从这些话里获得人生归宿的概念，正如爱好思索的中国人所获得的一样。必须承认，中国人的人生归宿与大多数白人自己设定的人生归宿截然不同。'占有''自恃'和'支配'，白人国家和个人趋之若鹜。"（《中国问题》）

五十二章

[导读]

本章重点有三：一、要人从万象中去追索根源，去把握法则；二、要人不可一味奔逐物欲，肆意奔逐的结果，必将离失自我；三、在认识活动中，要去除私欲与妄见的蔽障，内视本明的智慧，以明澈的智慧之光览照外物，当可明察事理（这个观点已出现在前面第四十七章）。本章言外之意，还暗含世人好逞聪明，不知敛藏，于是，老子恳切地唤醒世人：不可一味外溢，应知内蓄。

天下有始[1]，以为天下母[2]。既得其母，以知其子[3]；既知其子，复守其母。没身不殆。

塞其兑，闭其门[4]，终身不勤[5]；开其兑，济其事[6]，终身不救。

　　见小曰明[7]，守柔曰强[8]。用其光，复归其明[9]，无遗身殃[10]；是为袭常[11]。

[注释]

　　[1]　始：本始，指道。

　　[2]　母：根源，指道。

　　[3]　子：指万物。

　　[4]　兑：孔窍。门：门径。

　　[5]　勤：劳。

　　[6]　开其兑，济其事：打开嗜欲的孔窍，增添纷杂的事件。

　　[7]　见小曰明：能察见细微的，才是明。

　　[8]　强：自强不息，健。

　　[9]　用其光，复归其明："光"是向外照耀，"明"是向内透亮。

　　[10]　无遗身殃：不给自己带来灾殃。

　　[11]　袭常：承袭常道。

[译文]

　　天下万物都有本始，作为天下万物的根源。得知根源，就能认识万物；认识万物，又持守着万物的根源，终身都没有危险。

塞住嗜欲的孔窍，闭起嗜欲的门径，终身都没有劳扰的事。打开嗜欲的孔窍，增添纷杂的事件，终身都不可救治。

能察见细微的叫作明，能持守柔弱的叫作强。运用智慧的光，返照内在的明，不给自身带来祸殃，这叫作永续不绝的常道。

[赏析与点评]

一、"天下有始，以为天下母"，由开篇第一章"无，名天地之始；有，名万物之母"，可知老子在此谈论的是宇宙终始的问题。诚如张岱年先生所说："在老子以前，似乎无人注意到宇宙始终问题；到老子乃认为宇宙有始，是一切之所本。"（《中国哲学大纲》）

二、老子思想的源头可以上溯至母系社会，《老子》书中"母"字出现七次之多。除五十九章"有国之母，可以长久"譬喻保国的根本之道之外，其他各章（第一、二十、二十五、五十二章）都用"母"指代万物的根源，也就是"道"。

五十三章

[导读]

　　老子在本章痛言当时政风败坏的恶果。为政者挟持权力搜刮、榨取百姓，过着奢侈糜烂的生活，下层民众因此陷入饥饿的边缘。为此，老子痛斥当时的那些当权者是"盗夸"。

　　使我[1]介然有知[2]，行于大道，唯施[3]是畏。
　　大道甚夷[4]，而人[5]好径[6]。朝甚除[7]，田甚芜，仓甚虚；服文彩，带利剑，厌[8]饮食，财货有余，是为盗夸[9]。非道也哉！

[注释]

〔1〕 我：有道的治者。

〔2〕 介然有知：微有所知，稍有知识。

〔3〕 施（yí）：邪，斜行。

〔4〕 夷：平坦。

〔5〕 人：指人君。

〔6〕 径：邪径。

〔7〕 除：废弛，颓败。

〔8〕 厌：饱足。

〔9〕 盗夸：大盗。

[译文]

假使我稍微有些认识，在大道上行走，就怕走入了邪路。

大道很平坦，但是人们却喜欢走斜径。朝廷很腐败，弄得农田荒芜，粮仓空虚；但是人君却还穿着锦绣的衣服，佩带锋利的宝剑，饱足精美的饮食，搜刮足余的财货；这就叫作大盗。多么的无道啊！

[赏析与点评]

老子把大道和邪径对举,邪径的具体表现是"服文彩,带利剑,厌饮食,财货有余",带来的后果是"朝甚除,田甚芜,仓甚虚"。王中江教授解读此章时说得很好:"社会是一个共同体,人人都有生存权。高下贵贱若两极,贫富差别太悬殊,生活有天壤之别,则国家不可长治久安。"(《〈老子〉解读》)

五十四章

[导读]

本章围绕"建德抱道"的功用展开,从祭祀活动谈到治身、治国之道。

一、用"建德抱道"确保祭祀活动的存续:祭祀活动源于祖先崇拜,这是中国文化的一个重要特征。从殷代开始就有祭祀天地与先祖的习俗,尊天敬祖更成为中国社会普遍而基础的信仰。这种人文情怀被老子和孔子继承下来,他们之间有相通处也有相异处:老、孔皆由慎终追远的祭祀活动,推衍出孝慈的观念;但老子由氏族血缘的追溯,更进一步地探问世界的终极根源问题。老子以"建德抱道"作为"子孙以祭祀不辍"的基础,表明人类文明相续不断的关键,就在于效法道生德畜的自然常则。

二、用"建德抱道"贯穿治身与治国之道：老子将形而上之道，透过修德的功夫，层层落实到人事的处置之中，发展出"以身观身，以家观家，以乡观乡，以邦观邦，以天下观天下"的人间关怀。老子的"德"并不局限在修身的层面，透过"德"在身、家、乡、邦、天下的层层展开，老子将个人和国家社会联系在一起，展现了"建德抱道"的宏大格局。

善建者不拔，善抱[1]者不脱，子孙以祭祀不辍[2]。

修之于身，其德乃真；修之于家，其德乃余；修之于乡，其德乃长[3]；修之于邦[4]，其德乃丰；修之于天下，其德乃普。

故以身观身，以家观家，以乡观乡，以邦观邦，以天下观天下。吾何以知天下然哉？以此。

［注释］

〔1〕抱：牢固的意思。

〔2〕辍（chuò）：停止，绝灭。

〔3〕长：盛大。

〔4〕邦：通行本作"国"，避汉高祖刘邦之讳，现据楚简本、帛书甲本改正，下同。

[译文]

善于建树的不可拔除,善于抱持的不会脱离,如果子孙能遵行这个道理则世世代代的祭祀不会断绝。

拿这个道理贯彻到个人,他的德会是真实的;贯彻到一家,他的德可以有余;贯彻到一乡,他的德能受尊崇;贯彻到一国,他的德就会丰盛;贯彻到天下,他的德就会普遍。

所以要从(我)个人观照(其他的)个人,从(我)家观照(其他人的)家,从(我的)乡观照(其他的)乡,从(我的)国观照(其他的)国,从(我的)天下观照(其他的)天下。我怎么知道天下的情况呢?就是用这种道理。

[赏析与点评]

老子哲学中"修身"犹如巩固根基,是确立自我和待人、处世的基点,是"德"的原则的向内落实,在此基础上,便是向外运用于家、乡、邦、天下的治理。先秦时期,与《老子》此章结构类似,同样谈到身、家、乡、邦、天下的,一是《管子·牧民》,二是《礼记·大学》。《管子·牧民》的"以家为乡,乡不可为也;以乡为国,国不可为也;以国为天下,天下不可为也。以家为家,以乡为乡,以国为国,以天下为天下",可以说,是对《老子》此章"以身观身,以家观家,以乡观乡,以邦观邦,以天下观天下"的进一步阐释。《礼记·大学》的"古之欲明明德于天下者,先治其国;欲治其国者,先齐其家;欲齐其家者,先修其身","身修而后家齐,家齐而后国治,国治而后天下平"则与这两者有所不同。由修身到齐家之后,便由齐家推广到治国,"家"与"国"之间缺少"乡"的环节。重要的是,"家"与"国"不仅性质、领域不同,所处理的事务也不尽相同,能齐家者未必能治国。这一点不可不察。

五十五章

[导读]

本章老子将修养深厚的人比喻为"赤子",他们如婴儿般纯真柔和。"精之至"形容圣人精神充实饱满的状态,"和之至"形容他们心灵凝聚和谐的状态。

含德之厚,比于赤子。蜂虿虺蛇不螫[1],攫鸟猛兽不搏[2]。骨弱筋柔而握固,未知牝牡之合而朘作[3],精之至也。终日号而不嗄[4],和之至也。

知和曰常,知常曰明。益生[5]曰祥[6],心使气曰强[7]。

物壮[8]则老,谓之不道。不道早已。

[注释]

〔1〕虿(chài)：蝎类。虺(huǐ)：毒蛇。螫(shì)：毒虫用尾端刺人。

〔2〕攫(jué)鸟：用脚爪取物如鹰隼一类的鸟。攫和猛，都形容凶恶的物类。此句通行本作"猛兽不据，攫鸟不搏"，据楚简本和帛书本改正。

〔3〕朘作：婴孩的生殖器举起。朘(zuī)，婴孩的生殖器。通行本作"全"，据帛书乙本、傅奕本改正。

〔4〕嗄(shà)：哑。

〔5〕益生：纵欲贪生。

〔6〕祥：妖祥，不祥。

〔7〕强：逞强，暴。

〔8〕壮：强壮。

[译文]

含德深厚的人，比得上初生的婴儿。蜂蝎毒蛇不咬伤他，凶鸟猛兽不搏击他。他筋骨柔弱拳头却握得很牢固，他还不知道男女交合但小生殖器却自动勃起，这是精气充足的缘故。他整天号哭，但他的喉咙却不会沙哑，这是元气淳和的缘故。

176

认识淳和的道理叫作"常",认识"常"叫作"明"。贪生纵欲就会有灾殃,心机主使和气就是逞强。

过分强壮就趋于衰老,这叫作不合于道。不合于道很快就会死亡。

[赏析与点评]

本章有两个重要概念:一是"赤子",一是用来形容赤子的"和之至"。

一、赤子:《老子》中常出现"赤子""婴儿"的意象,与尼采的精神三变有相通之处。尼采《查拉图斯特拉如是说》的精神三变,描述了人生历程的三个阶段:由骆驼转化为狮子,再由狮子转化为婴儿。尼采的"婴儿"喻示着价值的转换与重估,是新价值的开端;《老子》第二十八章的"复归于婴儿",也要人保持再始更新的生命动力。老子和尼采,都以充满生命活力与创发动能的"婴儿""赤子"象征人类生命的理想状态,一中一西,一古一今,遥相呼应。

二、和之至:"和"在《老子》中出现八次,老子的和谐观隐含着三层意涵,即庄子所说的"天和""人和""心和"。

"人和"谈的是人与人之间的和谐,如"六亲不和"(十八章)是对人伦关系的对立的反省,"和大怨"(七十九章)、"和其光,同其尘"(四章、五十六章)说明了消解对立、达致"玄同"的可贵。道家的"人和"与儒家礼乐文化对社会和谐的关注,有相通之处。

"天和"更进一步从宇宙生成的角度探讨和谐的问题。如"万物负阴而抱阳,冲气以为和"(四十二章),阴阳相互对立又相反相成,交相激荡后形成了一个新生的和谐体。可以说,"人和"的基础就在于"天和",人间社会的和谐是由天地宇宙的和谐推衍而来的。

"天和"落入人心,就有了个体的"心和"。老子由"赤子"的"和之至",说明个体生命的最佳状态,就体现在主体心灵的和谐平衡之中。

英国哲学家罗素在《变动世界的新希望》一书中,曾经提到人类有三种冲突:人与自然的冲突、人与人的冲突,以及人内心的冲突。罗素看见种种冲突带来的战争与伤害,也期求不同民族文化之间的和谐。老子的"三和",同样重视关系中的冲突与和谐问题。庄子接着老子的和谐观进一步从"三和"谈到"三乐"——"天乐""人乐""心乐"。道家认为,唯有通彼我之怀的和谐关系,才能达致彼我俱畅的和乐之境。

五十六章

[导读]

　　本章老子谈心目中的理想人格形态,即由"挫其锐""解其纷""和其光""同其尘",进而到达"玄同"的最高境界。"玄同"的境界是消除自我的固蔽,消除一切的封闭隔阂,超越世俗褊狭的人伦关系的局限,以开豁的心胸和无偏无倚的心境去对待一切人、事、物。

　　知者[1]不言[2],言者不知。
　　塞其兑,闭其门[3],挫其锐,解其纷,和其光,同其尘[4],是谓玄同[5]。
　　故不可得而亲,不可得而疏;不可得而利,不可得而害;不可得而贵,不可得而贱[6]。故为天下贵。

[注释]

〔1〕知者：智者。

〔2〕言：指声教政令。

〔3〕塞其兑，闭其门：重见于五十二章，有学者主张此处为错简重出。

〔4〕"挫其锐"四句重见于第四章。

〔5〕玄同：玄妙齐同的境界，即道的境界。

〔6〕不可得而亲，不可得而疏；不可得而利，不可得而害；不可得而贵，不可得而贱：指玄同的境界超出了亲疏利害贵贱的区别。

[译文]

有智慧的人是不多言说的，多话的就不是智者。

塞住人们嗜欲的孔窍，闭起嗜欲的门径，不露锋芒，消解纷扰，含敛光芒，混同尘世，这就是玄妙齐同的境界。

这样就不分亲疏利害贵贱。所以为天下所尊贵。

[赏析与点评]

"玄同"指玄妙混同于道的境界，超越世俗一切对立价值的大同境界。老子"玄同"的概念可以上溯至《易经·同人》，这一卦的寓意便是聚众合力、和睦相处，齐心协力开拓出一片天地。

"挫其锐，解其纷，和其光，同其尘"一句，则可以结合《庄子》进行理解。《天下》篇称老子思想"常宽于物，不削于人"，"挫其锐""解其纷"是"不削于人"，"同其尘"是"常宽于物"，而"和其光"以达"玄同"之境，正是以开放包容的心态，达到人与人的和谐共处。

五十七章

[导读]

本章和第三十七章相应，老子在此更具体地勾画了那个时代的场景："天下多忌讳，而民弥贫；……法令滋彰，盗贼多有"，人民生活疾苦，社会处在混乱和动荡中。可见，老子提倡"无为"并非无的放矢。为此，在本章的结尾处，老子将理想的"无为政治"的图景具体归结为："我无为，而民自化；我好静，而民自正；我无事，而民自富；我无欲，而民自朴。"

以正[1]治国，以奇[2]用兵，以无事取天下[3]。吾何以知其然哉？以此[4]：天下多忌讳，而民弥贫；人多利器[5]，国家滋昏；人多伎巧[6]，奇物[7]滋起；法令滋彰，盗贼多有。

故圣人云：我无为，而民自化[8]；我好静，而民自正；我无事，而民自富；我无欲，而民自朴。

[注释]

〔1〕 正：清静之道。

〔2〕 奇：奇巧，诡秘，临机应变。

〔3〕 取天下：治理天下。

〔4〕 以此：简本和帛书本无此句。

〔5〕 利器：锐利武器，比喻权谋。

〔6〕 伎巧：技巧，即智巧。

〔7〕 奇物：邪事。

〔8〕 自化：自我化育。

[译文]

以清静之道治国，以诡奇的方法用兵，以不搅扰人民来治理天下。我怎么知道是这样的？从下面这些事端上可以看出：天下的禁忌越多，人民越陷于贫困；人们的利器越多，国家越陷于昏乱；人们的技巧越多，邪恶的事情就连连发生；

法令越森严，盗贼反而不断增加。

所以有道的人说："我无为，人民就自我化育；我好静，人民就自然上轨道；我不搅扰，人民就自然富足；我没有贪欲，人民就自然朴实。"

[赏析与点评]

老子的治国理念是"无为而治"，以顺任人性自然的态度来处理政务，以潜移默化的方式来教导民众。孔子也曾提到过老子"无为而治"的理念，《论语·卫灵公》载有"子曰：无为而治者,其舜也与！夫何为哉？恭己正南面而已矣"一条，孔子认为，舜虽握有统领天下的权力，却能不被权力左右而迷失自己，心心念念的都是天下人的福祉，秉持恭谨的态度治国，以道德教化取代武力侵扰，这便是"无为而治"。

五十八章

[导读]

　　本章讲有道之人如何为政。"其政闷闷"指清静的无为之政,"其政察察"指繁苛的有为之政。老子崇尚无为之政,认为宽宏("闷闷")的政风,当可使社会风气敦厚,人民生活朴实,这样的社群才能走向安宁平和。老子所期望的是人民能享受幸福宁静的生活,能过上安然自在的日子。老子的政治理想同样包含积极拯救世乱的一面。这一点,从老子勾画的理想人格形态中也可以看出:"圣人方而不割,廉而不刿,直而不肆,光而不耀。""方""廉""直""光"描述的正是人格的积极面向,"不割""不刿""不肆""不耀"乃是形容无逼迫感。这是说有道的人为政,有积极的理想,而其所作所为又不给人民带来逼迫感。

其政闷闷[1]，其民淳淳[2]；其政察察[3]，其民缺缺[4]。

祸兮，福之所倚；福兮，祸之所伏。孰知其极？其无正[5]。正复为奇，善复为妖[6]。人之迷，其日固久[7]。

是以圣人方而不割[8]，廉而不刿[9]，直而不肆[10]，光而不耀[11]。

[注释]

[1] 闷闷：昏昏昧昧，宽厚的意思。类似于二十章"俗人察察，我独闷闷"的"闷闷"，形容淳朴的样子。

[2] 淳淳：淳厚的意思。

[3] 察察：严苛。

[4] 缺缺：狡猾。

[5] 其无正：它们并没有定准，指祸福变幻无端。

[6] 正复为奇，善复为妖：正再转变为邪，善再转变为恶。

[7] 人之迷，其日固久：人们的迷惑，已经有长久的时日。

[8] 方而不割：方正而不割伤人。

[9] 廉而不刿：锐利而不伤害人。廉，利。刿（guì），伤。

[10] 直而不肆：直率而不放肆。

[11] 光而不耀：光亮而不刺耀。

[译文]

　　政治宽厚，人民就淳朴；政治严苛，人民就狡猾。

　　灾祸啊，幸福就倚傍在它里面；幸福啊，灾祸藏伏在它之中。谁知道它们的究竟？它们并没有一个定准。正忽而转变为邪，善忽而转变为恶。人们的迷惑，已经有长久的时日了。

　　因而有道的人的方正而不割人，锐利而不伤人，直率而不放肆，光亮而不刺耀。

[赏析与点评]

　　"祸兮，福之所倚；福兮，祸之所伏"，这句名言揭示了祸福相倚的人生哲理，是老子正反相互转化的辩证思维的展现。福中常潜伏着祸的根子，祸中也常暗藏着福的因子，祸福相依相生。在日常生活中，我们经常可以看到一个人处在祸患的境遇中，反倒激发了他奋发的心志，使他迈向更广大的天地；而生活一帆风顺的人，却养成了怠惰的习性，最终走向颓败。老子将我们的视野拉大，超拔于现实环境的局限，使我们不为眼前的困境所构陷，也不为当下的心境所执迷，而是看向事态发展变化的可能性，做出全面的了解和判断。

五十九章

[导读]

　　本章老子提出"啬"这个概念。"啬"并非是指财物上的吝啬，而是强调精神层面的爱惜保养，即培蓄能量，厚藏根基，不断充实生命力，所谓"深根固柢、长生久视之道"。道家的"养生"着重在存心、养性上，即保存灵明的本心，蓄养天赋的本性。

　　治人事天[1]，莫若啬[2]。
　　夫唯啬，是谓早服[3]；早服，谓之重积德[4]；重积德，则无不克；无不克，则莫知其极[5]；莫知其极，可以有国；有国之母[6]，可以长久。是谓深根固柢、长生久视[7]之道。

[注释]

〔1〕 事天：保养天赋。

〔2〕 啬（sè）：爱惜，保养。

〔3〕 早服：早做准备。郭店楚简本"早服"作"早备"，"服"通"备"。

〔4〕 重积德：不断积蓄德，意即不断地充实生命力。重，多，厚，不断增加的意思。德，指啬德。

〔5〕 极：极点，尽头。

〔6〕 有国：保国的意思。母：譬喻保国的根本之道。

〔7〕 长生久视：长久维持，长久存在。久视，久立的意思。

[译文]

治理国家、养护身心，没有比爱惜精力更重要的。

爱惜精力，乃是早做准备；早做准备就是不断地积德；不断地积德就没有什么不能胜任的；没有什么不能胜任就无法估计他的力量；无法估计他的力量，就可以担负保护国家的责任；掌握治理国家的道理，就可以长久维持；这就是根深柢固、长生久视的道理。

[赏析与点评]

本章重点在于讲"啬"。关于这个概念,汉代河上公的解读和魏晋王弼的解读有很大的不同。王弼倾向于突出"啬"与古代以农业立国的关联,所以以"农夫治田"来解读;而河上公则将其解释为"蓄养精气",说"治国者当爱惜民财""治身者当爱惜精气",突出不断累积生命力、原动力的含义。相比之下,河上公的解读影响更为深远,魏晋以后的道教尤其注重从这个角度阐发本章"深根固柢、长生久视之道"的道理,蓄养精气进而成为心性修养的核心议题。

六十章

[导读]

本章老子以"治大国,若烹小鲜"再次申明"无为之治"的重要性,说明大国为政之要在于清静无为,若能清静无为,则人人各遂其生而相安无事。可见,老子的政治理想不只是小国寡民,他也同样关心大国的治理之道、谈论大国的治理之道。"治大国,若烹小鲜"一句,在中国的政治思想上产生了重大的影响。

治大国,若烹小鲜[1]。

以道莅[2]天下,其鬼不神[3]。非其鬼不神,其神不伤人;非其神不伤人,圣人亦不伤人。夫两不相伤[4],故德交归[5]焉。

[注释]

〔1〕 小鲜：小鱼。

〔2〕 莅：临。

〔3〕 其鬼不神：鬼不起作用。古人常用阴阳和顺来说明国泰民安，古人以阴气过盛称"鬼"。

〔4〕 两不相伤：指鬼神和圣人不侵越人。

〔5〕 交归：会归。交，俱，共。

[译文]

治理大国，好像煎小鱼。

用道治理天下，鬼怪起不了作用。不但鬼怪起不了作用，神祇也不侵越人；不但神祇不侵越人，圣人也不侵越人。鬼神和有道者都不侵越人，所以德会归于民。

[赏析与点评]

首先，《老子》书中的鬼神，不是宗教的鬼神之说。本章即排除了一般人所谓鬼神作用的概念，致力于说明祸患全在人为。人为得当,祸患则无由降生。其次,《老子》书中的鬼神,更有着哲学的意涵。诚如顾文炳先生所说,"'神'在老子学说中是一种自然界的造化功能,老子把鬼神观念消融在'神德交归'的观念中,……强调圣人之德可以与自然对象互相沟通,达到和谐协调"。(《易道新论》)

六十一章

[导读]

　　人类能否和平相处，有赖于大国的态度。"大邦者下流""大者宜为下"，本章开头和结尾一再强调大国要谦下包容，不可自恃强大而凌越弱小。"谦下"之外，老子还说到雌静，雌静是针对躁动提出的，躁动为贪欲所驱使而容易产生侵略的行为。"谦下"又有"不争"的含义，要涵养内藏，不显露锋芒。所以"谦下"一方面要人收敛一己的占有冲动，另一方面也要人凝练内在生命的深度。

　　大邦[1]者下流，天下之交，天下之牝。牝常以静胜牡，以静为下。

　　故大邦以下小邦，则取小邦；小邦以下大邦，则取大邦。故或下以取，或下而取[2]。大邦不过欲兼畜人[3]，小邦不过欲入事人，夫两者各得其所欲。大者宜为下。

[注释]

[1] 邦：通行本作"国"，据帛书甲本改正。
[2] 下：谦下。取：通"聚"，会聚。
[3] 兼畜人：把人聚在一起加以养护。兼，聚起来。畜，饲养。

[译文]

大国是天下交汇的地方，要像居于江河的下流，处在天下雌柔的位置。雌柔常以静定胜过雄强，因为静定而又能处下的缘故。

所以大国对小国谦下，可以会聚小国；小国对大国谦下，可以见容于大国。所以有时（大国）谦下以会聚（小国），有时（小国）谦下而见容（于大国）。大国不过是想要聚养小国，小国不过是想要求容于大国。这样大国小国都可以达到愿望。大国尤其应该谦下。

[赏析与点评]

　　老子有感于当时各国诸侯以力相尚，妄动干戈，因而呼吁国与国之间应当谦虚并容。特别是大国，要谦让无争，才能赢得小国的信服。解决国际纷争，最佳方案莫过于平等相待，谦下相容。老子当时提出这一国际关系策略，对于今天世界范围内的单边主义军事霸权来说，仍然具有深刻的警示意义。

六十二章

[导读]

本章主旨是阐扬道的重要性。天子三公拥有拱璧驷马，仍不如守道为要。

道者，万物之奥[1]。善人之宝，不善人之所保[2]。美言可以市[3]，尊行可以加人[4]。人之不善，何弃之有？故立天子，置三公[5]，虽有拱璧以先驷马[6]，不如坐进此道[7]。

古之所以贵此道者何？不曰：求以得[8]，有罪以免邪？故为天下贵。

[注释]

〔1〕 奥：藏，庇荫的意思。

〔2〕 保：保全。

〔3〕 市：交易的行为。

〔4〕 加人：对人施以影响。加，施。

〔5〕 三公：指太师、太傅、太保。

〔6〕 虽有拱璧以先驷马：拱璧在先，驷马在后，这是古时献奉的礼仪。

〔7〕 不如坐进此道：不如用道来进献。

〔8〕 求以得：有求就得到。通行本作"以求得"，据帛书本改正。

[译文]

道是万物的庇荫。善人的珍宝，不善的人赖以保全。

嘉美的言词可以用作社交，可贵的行为见重于人。不善的人，有什么理由舍弃它？所以立位天子，设置三公，虽然依照拱璧在先、驷马在后的礼仪进奉，不如用道来作为献礼。

古时候重视道的原因是什么呢？岂不是说有求的可以得到，有罪的可以免除吗？所以被天下人重视。

[赏析与点评]

　　本章"善人之宝,不善人之所保",与二十七章"圣人常善救人,故无弃人"、四十九章"不善者,吾亦善之"的思路是一贯的,都是在赞扬道的普施性。

六十三章

[导读]

本章再次申明"无为"之理。"为无为"——立身行事应当依照客观情状而为,不宜主观强制地妄为,这是老子一再提示的治世宗旨。

为无为,事无事,味无味[1]。

大小多少[2]。报怨以德[3]。图难于其易,为大于其细。天下难事,必作于易;天下大事,必作于细。是以圣人终不为大[4],故能成其大。

夫轻诺必寡信,多易必多难。是以圣人犹难之,故终无难矣。

[注释]

〔1〕 味无味：把无味当作味。

〔2〕 大小多少：大生于小，多起于少。

〔3〕 报怨以德：即"以德报怨"之倒句。《论语·宪问》中孔子曾对此提出"以直报怨""以德报德"之说。

〔4〕 不为大：不自以为大。

[译文]

以无为的态度去作为，以不搅扰的方式去做事，把恬淡无味当作味。

大生于小，多起于少。以德报怨。处理困难要从容易的入手，实现远大要从细微的入手；天下的难事，必定从容易的做起；天下的大事，必定从细微的做起。所以有道的人始终不自以为大，因而能成就大的事情。

轻易允诺的一定会失信，把事情看得太容易一定会遭遇更多的困难。所以即便是圣人都把事情看得艰难，（给予其充分的重视）因而终究不会有困难。

[赏析与点评]

有关大小、难易的问题,道家有许多精辟的慧见。

一、大小:老子说"道大",又说"见小曰明",大小宜兼顾,庄子也说:"自细视大者不尽,自大视细者不明。"老子申言"域中有四大":"道大,天大,地大,人亦大",在开辟人的思想视野、提升人的精神空间的同时,又提示人要知几"微明",大道及事理,往往"隐""晦"而"希声",需知微者才能体味,见小者才能洞察。

二、难易:难易的问题和处事者的态度关系密切。老子提醒人们处理艰难的事情,须先从细易处着手。面对细易的事情,却不可掉以轻心。"难之"是一种慎重的态度,谨密周思,细心而为。本章格言,无论对于行事还是求学,都是不移的至理。

六十四章

[导读]

本章上段意义完整且连贯。其大意为：一、注意祸患的根源，在祸患发生之前，先作预防；二、凡事从小成大，由近至远，积厚之功十分重要。

本章下段重申"无为"的处世智慧，指出慎终如始和不妄为的重要性，以及圣人顺应自然的无为治世之道。

其安易持[1]，其未兆易谋；其脆易泮[2]，其微易散。为之于未有，治之于未乱。

合抱之木，生于毫末[3]；九层之台，起于累土[4]；千里之行，始于足下。

为者败之,执者失之。是以圣人无为,故无败;无执,故无失。

民之从事,常于几成而败之。慎终如始,则无败事。

是以圣人欲不欲,不贵难得之货;学不学,复众人之所过,以辅万物之自然而不敢为。

[注释]

〔1〕其安易持:安稳时容易持守。

〔2〕泮(pàn):破,裂。

〔3〕毫末:细小的萌芽。

〔4〕累土:一筐土。累,土笼。土笼是盛土的用具。

[译文]

局面安稳时容易持守,事变没有迹象时容易图谋。事物脆弱时容易破开;事物微细时容易散失。要在事情没有发生以前就早做准备,要在祸乱没有产生以前就处理妥当。

合抱的大树,是从细小的萌芽生长起来的;九层的高台,是从一筐筐泥土建筑起来的;千里的远行,是从脚下举步走出来的。

强作妄为就会败事，执意把持就会失去。所以圣人不妄为因此不会败事，不把持就不会丧失。

一般人做事，常在快要成功时招致失败。审慎面对事情的终结，一如开始时那样慎重，就不会失败。

所以圣人求人所不欲求的，不珍贵难得的货品；学人所不学的，补救众人的过错，以辅助万物的自然变化而不加以干预。

[赏析与点评]

本章"合抱之木，生于毫末；九层之台，起于累土；千里之行，始于足下"的名言，形象地说明了积厚之功的重要性。远大的事情，必须要有耐心和毅力，要一点一滴地去完成；心意稍有松懈，便会功亏一篑。

《庄子》首篇《逍遥游》的鲲鹏寓言，谈的也正是积厚之功。鲲在海底深蓄厚养，"水之积也不厚，则其负大舟也无力；风之积也不厚，则其负大翼也无力"，最终实现由鲲到鹏的生命形态的转化。《则阳》篇又有"丘山积卑而为高，江河合水而为大，大人合并而为公"的讲法。此外，《荀子·儒效》中也说道："故积土而为山，积水而为海，……涂之人百姓，积善而全尽谓之圣人。……故圣人也者，人之所积也。"在积厚之功的问题上，儒、道有相通的见解。

六十五章

[导读]

　　本章强调为政在于真朴。老子认为政治的好坏，常系于统治者的处心和做法。统治者若是真诚朴质，便能导出良好的政风，有良好的政风，社会才会趋于安宁；统治者如果机巧黠滑，就会败坏政风。基于这种观点，老子期望统治者导民以真朴。

　　老子生当乱世，有感于世乱的根源莫过于人们攻心斗智，竞相伪饰，因此呼吁人们扬弃世俗的价值纷争，返归于真朴。

　　古之善为道者，非以明民[1]，将以愚之[2]。
　　民之难治，以其智多[3]。故以智治国，国之贼；不以智治国，国之福。

知此两者，亦稽式〔4〕。常知稽式，是谓玄德。玄德深矣，远矣，与物反矣〔5〕，然后乃至大顺〔6〕。

[注释]

〔1〕 明：精巧。

〔2〕 愚：淳朴，朴质。

〔3〕 智多：多智巧伪诈。

〔4〕 稽(jī)式：法式，法则。

〔5〕 反：有两种解释：一作相反，意谓玄德和事物的性质相反；一作返回，意谓玄德和事物都复归于淳朴。

〔6〕 大顺：自然。

[译文]

从前善于行道的人，不是教人民精巧，而是使人民淳朴。

人民所以难以治理，乃是因为他们使用太多的智巧心机。所以用智巧去治理国家，是国家的灾祸；不用智巧去治理国家，是国家的幸福。

认识这两者的差别，就是治国的法则。常守住这个法则，就是玄德。玄德好深好远啊！与万物复归到真朴，然后才能达到最大的和顺。

[赏析与点评]

　　本章的立意常被后人误解，以为老子主张愚民政策。其实，老子所说的"愚"，乃是真朴的意思。他不仅期望人民真朴，更要求统治者首先应以真朴自砺。所以二十章又有"我愚人之心也哉"的讲法，说明真朴（"愚"）是老子心中理想的统治者的人格修养境界。

　　《论语·为政》中孔子评价弟子颜渊时，也是从正面使用"愚"的，所谓"吾与回言终日，不违如愚。退而省其私，亦足以发。回也不愚"。颜渊之"愚"也并非愚昧，而是上智若愚。《阳货》篇又有"古之愚也直"的讲法，这里的"愚"是真朴的意思。此外又如《列子·汤问》的"愚公移山"的故事，"愚公"之"愚"也不是负面的意思，而是象征着坚忍不拔、持之以恒、努力不懈的精神。

六十六章

[导读]

本章与前面数章相应,有如三十二章的"譬道之在天下,犹川谷之于江海",本章同样用江海作比,比喻体道之人的包容大度。而这种包容大度又是由于他善于处下居后,六十一章所谓"大者宜为下",这种谦下的精神更进一步地说便是一种不争的精神,第八章的"水善利万物而不争""夫唯不争,故无尤",特别是二十二章的"夫唯不争,故天下莫能与之争",都凸显了这一精神,与本章关系密切。

江海之所以能为百谷王[1]者,以其善下之,故能为百谷王。

是以圣人[2]欲上民，必以言下之；欲先民，必以身后之。是以圣人处上而民不重[3]，处前而民不害，是以天下乐推而不厌。以其不争，故天下莫能与之争。

[注释]

〔1〕百谷王：百川所归往。

〔2〕圣人：通行本缺此二字，据帛书本和其他古本增补。

〔3〕重：累，不堪。

[译文]

江海之所以能成为许多河流汇聚的地方，因为它善于处在低下的地位，所以能为许多河流所汇聚。

所以圣人要领导人民，必须心口一致地对他们谦下；要做人民的表率，必须把自己的利益放在他们的后面。由此，圣人居于上位而人民不感到负累，居于前面而人民不感到受害。所以为天下人民拥戴而不厌弃。因为他不跟人争，所以天下没有人能和他争。

[赏析与点评]

　　理解老子推崇的道德原则的关键，是理解老子的对话者。他之所以反复强调"下""后""不争"，是因为他的对话者是那些在上位的人。老子意识到，统治者权力在握，容易给人民一种重压感，一旦肆意妄作，人民便不堪其累。特别是在当时，在上位者威势凌人，已经给人民造成负担；争名逐利，已经对人民构成损害。为此，老子一再呼吁统治者要秉持处后、谦下、不争的精神。

六十七章

[导读]

本章围绕"三宝"展开。其中,"慈"是爱心加上同情感,是人类友好相处的基本动力;"俭"意指含藏培蓄,不奢靡,也就是五十九章的"啬"的意思;"不敢为天下先"即是"谦让""不争"。

天下皆谓我道大,似不肖。夫唯大,故似不肖。若肖,久矣其细也夫!

我有三宝,持而保之:一曰慈,二曰俭[1],三曰不敢为天下先。慈故能勇[2];俭故能广[3];不敢为天下先,故能成器长[4]。

今舍慈且[5]勇,舍俭且广,舍后且先,死矣!

夫慈，以战则胜，以守则固。天将救之，以慈卫之。

[注释]

〔1〕俭：与"啬"同义，有而不尽用。
〔2〕慈故能勇：慈爱所以能勇迈，有孟子"仁者无敌"的意思。
〔3〕俭故能广：俭啬所以能厚广。
〔4〕器长：万物的首长。器，指万物。
〔5〕且：取。

[译文]

天下人都对我说："道广大，却不像任何具体的东西。"正因为它的广大，所以不像任何具体的东西。如果它像的话，早就渺小了！

我有三种宝贝，持守而保全着。第一种叫作慈爱，第二种叫作俭啬，第三种叫作不敢居于天下人的前面。慈爱所以能勇武；俭啬所以能厚广；不敢居于天下人的前面，所以能成为万物的首长。

现在舍弃慈爱而求取勇武，舍弃俭啬而求取宽广，舍弃退让而求取争先，是走向死路！

慈爱，用来征战就能胜利，用来守卫则能巩固。天要救助谁，就用慈爱来卫护他。

[赏析与点评]

本章最后重点讲述"慈"的原则，用"慈"来统帅"俭"和"不敢为天下先"。这是因为老子身处战事的纷乱之中，目睹国与国之间的相互倾轧、掠夺，目击暴力的残酷，深深地感到人与人之间慈心的缺乏，因而极力加以阐扬。

六十八章

[导读]

本章老子要人在战斗中"不武"(不可逞强)、"不怒"(不可暴戾)、"不与"(不用对斗),和上一章最后谈论的征战、守卫中的"慈"的原则相衔接。

善为士者[1],不武;善战者,不怒;善胜敌者,不与[2];善用人者,为之下。是谓不争之德,是谓用人[3],是谓配天,古之极也。

[注释]

〔1〕 为:治理,管理,这里作统帅、率领讲。士:士卒。统帅士卒,

指担任将帅。

〔2〕不与：不用对斗。与，交结，交锋。

〔3〕用人：通行本作"用人之力"，据帛书乙本改正。

[译文]

善做将帅的，不逞勇武；善于作战的，不轻易激怒；善于战胜敌人的，不用对斗；善于用人的，对人谦下。这叫作不争的品德，这叫作善于用人，这叫作合于天道，这是自古以来的最高准则。

[赏析与点评]

本章明确地将从天道和水的特性中抽取的"不争"的原则，表述为"不争之德"。老子身处国与国互相倾轧、掠夺的时代，有感于争权夺利带给人民的苦难，因此反复谈论"不争"，倡导"不争""谦下"的智慧。

六十九章

[导读]

本章与上两章内容相应,继续阐扬不争之德、慈爱之理。

老子在用兵方面主张不要主动挑起战争,更不要轻易出兵,强调如果两军不得已交战,也要秉持慈悲心怀。

用兵有言:吾不敢为主[1],而为客[2];不敢进寸,而退尺。是谓行无行[3],攘无臂[4],扔无敌[5],执无兵[6]。

祸莫大于轻敌,轻敌几丧吾宝。

故抗兵相若[7],哀[8]者胜矣。

[注释]

〔1〕 为主：进犯，采取攻势。

〔2〕 为客：采取守势，指不得已而应敌。

〔3〕 行无行：虽然有阵势，却像没有阵势可摆。行，行列，阵势。

〔4〕 攘无臂：虽然要振臂，却像没有臂膀可举。攘臂，怒而振臂的意思。

〔5〕 扔无敌：虽然面临敌人，却像没有敌人可赴。扔，因就。扔敌，就敌。

〔6〕 执无兵：虽然有兵器，却像没有兵器可持。兵，兵器。

〔7〕 抗兵相若：两军相当。"若"字通行本作"加"，据帛书本改正。

〔8〕 哀：慈的意思。

[译文]

用兵的曾说："我不敢进犯，而采取守势；不敢前进一寸，而要后退一尺。"这就是说，虽然有阵势，却像没有阵势可摆；虽然要振臂，却像没有臂膀可举；虽然面临敌人，却像没有敌人可赴；虽然有兵器，却像没有兵器可持。

祸患没有再比轻敌更大的了，轻敌几乎丧失了我的三宝。

所以两军相当的时候，慈悲的一方可以获得胜利。

[赏析与点评]

《史记·秦始皇本纪》有言:"天下共苦,战斗不休。"这是在总结战国时代各国王侯干戈相向,导致民众性命不保、饥馑连年的情状。先秦诸子的学说,无不反映出强烈的反战思想。如墨子倡导"兼爱""非攻",孟子提出"威天下不以兵革之利"(《孟子·公孙丑下》)。《老子》中更多次对战争的本质进行深沉的人性思考。比如第三十章所说:"以道佐人主者,不以兵强天下。其事好还。师之所处,荆棘生焉。"比如第三十一章告诫用兵是出于"不得已",若是为了除暴救民而用兵,也应该"恬淡为上"。

春秋末期,同时代的老子与孔子面对"天下无道"的境况,都提出了"天下有道"的政治理念;在"天下共苦,战斗不休"的现实世界中,发出了人间和谐共处的呼声。《论语》开篇,孔子和弟子便谈论"和为贵";老聃也以宽广的视野,反思人与人之间如何和谐共处的问题,比如第五十六章说道,人际之间经过磨合消解纷争("挫其锐,解其纷")之后,要"和光同尘",互通融合,达于物我一体的"玄同"之境。这些章节有必要联系起来理解。

七十章

[导读]

老子提倡虚静、柔弱、慈、俭、不争的原则,都是本于人性自然的道理,它们在日常生活上最易实行。然而世人多惑于躁进,迷于荣利,和这个道理背道而驰。

老子企图就人类行为做一个根源性的探索,对世间事物做一个根本性的认识,而后用简朴的文字说出单纯的道理。文字固然简朴,道理固然单纯,但内涵却十分丰富,犹如褐衣粗布里面怀藏着美玉一般。可惜世人只慕恋虚华的外表,所以他感叹道:"知我者希。"

吾言甚易知,甚易行。天下莫能知,莫能行。

言有宗[1],事有君[2]。夫唯无知[3],是以不我知。

知我者希,则我者贵[4]。是以圣人被褐[5]怀玉。

[注释]

〔1〕 宗:主旨。

〔2〕 君:根据。

〔3〕 无知:有两种解释,一指别人的不理解,一指自己的无知。今取第一种解释。

〔4〕 则:法则。贵:难得。

〔5〕 被褐:穿着粗衣。被,着。褐(hè),粗布。

[译文]

我的话很容易了解,很容易实行。大家却不能明白,不能实行。

言论有主旨,行事有根据。正由于不了解这个道理,所以不了解我。

了解我的人越少,取法我的就很难得了。因而有道的圣人穿着粗衣而内怀美玉。

[赏析与点评]

"吾言甚易知,甚易行",老子认为自己的言论容易了解也容易实行,在知行议题上强调"知行合一",说明老子也重视实践层面。

在本章和第二十章中,老子都以作者的身份,亲自解释自己著作的主旨和心愿。比如二十章"我独泊兮""我愚人之心也哉"的"我",以及本章"吾言甚易知,甚易行"的"吾",它们都是指老聃本人。徐复观先生注意到这两种指称,说"从第四章起到七十四章止,出现有三十五个'吾'字及'我'字;除其中七个外,其余的当然是著者的自称。全书既分明有著者自称的'我'、'吾',则其非由编纂而成,甚为明显"。(《中国人性论史·先秦篇》)

七十一章

[导读]

　　本章是就求知的态度来说的。有些人只看到事物的表象，便以为洞悉了真相；或者一知半解，却坚持将自己的不知认作知。在求知的态度上欠缺真诚，所以说犯了谬妄的"病"。有道的人之所以不被视为谬妄，乃是由于他能不断地自觉与自省，能恳切地探寻"不知"的原因与根由，在不了解一件事情之前，不轻易断言，在求知的过程中，能做到心智上的真诚。

　　知不知[1]，尚矣[2]；不知知[3]，病也。圣人不病，以其病病[4]。夫唯病病，是以不病[5]。

[注释]

〔1〕知不知：这句话可作多种解释，常见的解释是：一、知道却不自以为知道；二、知道自己有所不知道。

〔2〕尚：上，最好。"尚矣"通行本作"上"，据帛书本改正。

〔3〕不知知：不知道却自以为知道。

〔4〕病病：把病当作病。

〔5〕圣人不病，以其病病。夫唯病病，是以不病：通行本作"夫唯病病，是以不病。圣人不病，以其病病，是以不病"，文句误倒且重出，据蒋锡昌之说改正。

[译文]

知道自己有所不知道，最好；不知道却自以为知道，这是缺点。有道的人没有缺点，因为他把缺点当作缺点。正因为他把缺点当作缺点，所以他是没有缺点的。

[赏析与点评]

本章主旨在于论及有关主体认知的问题。中西古代哲学家围绕这一议题都曾有所表述,老子提出"知不知,尚矣;不知知,病也",孔子说"知之为知之,不知为不知,是知也",苏格拉底说"知道自己不知道"。三位哲人的立意如此相通,要人有自知之明,诚实地检视自己,以求自我改进。

七十二章

[导读]

　　本章是对高压政治提出的警告。老子告诫君王：过度行使威权压制，将人民逼到无法安居、无以安生的地步，人民就会起来反抗。相比之下，圣人的处世态度则是：不自我张扬，不自显尊贵，保持"自知""自爱"的心志。

　　民不畏威，则大威至[1]。
　　无狎[2]其所居，无厌[3]其所生。夫唯不厌，是以不厌[4]。
　　是以圣人自知不自见[5]，自爱不自贵[6]。故去彼取此。

[注释]

〔1〕"民不畏威"的"威"作威压讲,而"大威"的"威"指可怕的事,作祸乱讲。

〔2〕狎:通"狭",逼迫。

〔3〕厌:通"压",压榨。

〔4〕厌:厌恶。

〔5〕不自见:不自我表扬。见,同"现",表现。

〔6〕自爱不自贵:指圣人但求自爱而不求自显高贵。

[译文]

人民不畏惧统治者的威压,则更大的祸乱就要发生了。

不要逼迫人民的居处,不要压榨人民的生活。只有不压榨人民,人民才不厌恶(统治者)。

因此,有道的人但求自知而不自我表扬,但求自爱而不自显高贵。所以舍去"自见""自贵"而取"自知""自爱"。

[赏析与点评]

本章以对比的方式谈论圣人谦善的美德,这里指的是"自知"和"自见"的对比,"自爱"和"自贵"的对比。关于"自爱不自贵",蒋锡昌先生说:"爱即清净寡欲,自贵即有为多欲",圣人能坚守无为的原则,自我约束,不懈涵养,以"自化""自正""自富""自朴"实现自我的价值追求并进而影响天下。(《老子校诂》)

七十三章

[导读]

自然的规律是柔弱不争,老子认为,人类的行为应当取法自然的规律而力戒刚强好斗。"勇于敢",则逞强贪竞,无所忌惮;"勇于不敢",则柔弱哀慈,慎重行事。

勇于敢则杀,勇于不敢则活。此两者,或利或害。天之所恶,孰知其故?是以圣人犹难之[1]。

天之道[2],不争而善胜,不言而善应,不召而自来,繟然[3]而善谋。

天网恢恢[4],疏而不失[5]。

[注释]

〔1〕 此句重见于六十三章。

〔2〕 天之道：自然的规律。

〔3〕 繟（chǎn）然：坦然，安然，宽缓。

〔4〕 天网：自然的范围。恢恢：广大，宽大。

〔5〕 失：漏失。

[译文]

勇于刚强则会死，勇于柔弱则可活。这两种勇的结果，有的得利，有的遭害。天道所厌恶的，谁知道是什么缘故？所以即便是圣人都恭敬地对待这个道理。

自然的规律，是不争攘而善于得胜，不说话而善于回应，不召唤而自动来到，宽缓而善于筹策。

自然的范围广大无边，稀疏而不会有一点漏失。

[赏析与点评]

本章开篇说"勇于敢则杀，勇于不敢则活"，这和七十六章的"坚强者死之徒，柔弱者生之徒"意义相通。

本章进而称颂"天道"的宽广,自然之网宏伟无边,稀疏却无所漏失。如今人们常说的"法网恢恢,疏而不漏",便源自本章"天网恢恢,疏而不失"这句名言。

七十四章

[导读]

　　本章老子对当时严刑峻法逼使人民走向死途的情形，提出沉痛的抗议，指出这样恣意杀人、违反天道的暴政者终将被反噬。

　　民不畏死，奈何以死惧之？若使民常畏死，而为奇[1]者，吾将得而杀之[2]，孰敢？
　　常有司杀者[3]杀。夫代司杀者杀，是谓代大匠斲[4]。夫代大匠斲者，希有不伤其手矣。

[注释]

　　[1] 为奇：指为邪作恶的行为。奇，奇诡。

〔2〕 吾将得而杀之：通行本"得"下衍一"执"字，据帛书本删去。

〔3〕 司杀者：专管杀人的，指天道。

〔4〕 斲（zhuó）：砍，削。

[译文]

　　人民不畏惧死亡，为什么用死亡来恐吓他？如果使人民真的畏惧死亡，对于为邪作恶的人，我们就可以把他抓来杀掉，谁还敢为非作歹？

　　经常有专管杀人的去执行杀的任务。那代替专管杀人的去执行杀的任务，这就如同代替木匠去斲木头一样。那代替木匠斲木头的，很少有不砍伤自己的手的。

[赏析与点评]

　　人的生死本是顺应自然的，如《庄子·养生主》所说：人的生，适时而来；人的死，顺时而去（"适来，时也；适去，顺也"）。人生在世，理应享尽天赋的寿命。然而，暴政者为了维护一己的权益，斧钺威禁、恣意杀人，以此作为控驭臣民的工具，使得许多人本应属于自然的死亡（"司杀者杀"），却在年轻力壮时被统治阶层驱向穷途，而置于刑戮（"代司杀者杀"）。这无疑是令人气愤的。

七十五章

[导读]

剥削和高压是政治祸乱的根本原因,在上位者横征暴敛,厉民自养,政令繁苛,百姓动辄得咎。一旦到了这种地步,人民便会从饥饿和死亡的边缘挺身而出,轻于犯死了。

民之饥,以其上食税之多,是以饥。
民之难治,以其上之有为[1],是以难治。
民之轻死,以其上求生之厚[2],是以轻死。
夫唯无以生为[3]者,是贤[4]于贵生[5]。

[注释]

〔1〕 有为：政令烦苛，强作妄为。

〔2〕 以其上求生之厚：由于统治者奉养奢厚。"上"字通行本原阙，据傅奕本增补。

〔3〕 无以生为：不把厚生奢侈作为追求的目标，即不贵生，生活要能恬淡。

〔4〕 贤：胜。

〔5〕 贵生：厚养生命。

[译文]

人民所以饥饿，就是由于统治者吞吃税赋太多，因此陷于饥饿。

人民所以难治，就是由于统治者强作妄为，因此难以管治。

人民所以轻死，就是由于统治者奉养奢厚，因此轻于犯死。

只有清静恬淡的人，才胜于奉养奢厚的人。

[赏析与点评]

本章同样对虐政提出的警告。本章和前面第七十二、七十四章都在揭示社会动乱的根源——"民之饥，以其上食税之多，是以饥"。老子身处上位者横征暴敛的时代，目睹"朱门酒肉臭，路有冻死骨"的场景，因此希望在上位者为政清静恬淡、薄征赋税。放眼世界，横征暴敛带来的社会问题至今仍旧存在，老子之言可谓真知灼见！

七十六章

[导读]

本章重申"柔弱胜刚强"(三十六章)的道理。老子从人类和草木的生存现象,说明成长的东西都是柔弱的状态,而死亡的东西都是坚硬的状态。老子贵柔戒刚的思想又见于第三十六、四十三和七十八章。

人之生也柔弱[1],其死也坚强[2];草木之生也柔脆[3],其死也枯槁[4]。故坚强者死之徒,柔弱者生之徒。

是以兵强则灭,木强则折[5]。强大处下,柔弱处上。

［注释］

〔1〕 柔弱：指身体的柔软。

〔2〕 坚强：指身体的僵硬。

〔3〕 柔脆：指草木形质的柔软。

〔4〕 枯槁(gǎo)：形容草木的干枯。

〔5〕 兵强则灭，木强则折：通行本作"兵强则不胜，木强则兵"，据《列子·黄帝》《淮南子·原道训》改正。

［译文］

人活着的时候身体是柔软的，死了的时候就变成僵硬了；草木生长的时候形质是柔脆的，死了的时候就变成干枯了。因此，坚硬的东西属于死亡的一类，柔弱的东西属于生存的一类。

因此用兵逞强就会遭受灭亡，树木强大就会遭受砍伐。凡是强大的，反而居下位；凡是柔弱的，反而占上位。

［赏析与点评］

老子从万物的活动中观察到物理之恒情，断言："坚强者死之徒，柔弱者生之徒。"我们可以从两个方面理解：首先，从事物的内在发展上看，强悍的东西易失去生机，柔韧的东西则充满生机。其次，从事物的外在表现上看，坚强者之所以属于死之徒，是因为它们常常向外显露、突出，所以当外力冲击时，便首当其冲。相应的，人的才能过分向外显露、突出，也容易招忌而遭致掊击，正如高大的树木容易引来砍伐一样。人为的祸患如此，自然的灾难亦莫不然：狂风吹刮，高大的树木往往被摧折；小草由于它的柔软，反而可以迎风招展。

七十七章

[导读]

　　本章在自然规律和社会规则之间进行对比和说明。老子感慨世间多少富贵人家不劳而获，多少权势人物苛敛榨取，社会上处处可见弱肉强食的情形，当时不仅贫富差距愈来愈悬殊，而且强豪兼并之风也愈来愈炽盛。相比之下，自然的规律则不同，它是拿有余来补不足，进而保持均平调和。老子期望社会的规则能够效法自然规律的均平调和，期望人道能够取法于天道。

　　天之道，其犹张弓与？高者抑之，下者举之；有余者损之，不足者补之。

　　天之道，损有余而补不足；人之道[1]则不然，损不足以奉有余。

孰能有余以奉天下，唯有道者。

是以圣人为而不恃，功成而不处。其不欲见贤[2]。

[注释]

〔1〕 人之道：指社会的一般律则。

〔2〕 见：即现。贤：聪明才智。

[译文]

自然的规律，岂不就像拉开的弓弦一样吗？弦位高了就把它压低，弦位低了就把它升高；有余的加以减少，不足的加以补充。自然的规律，减少有余，用来补充不足。人世的行径，却不是这样，却要剥夺不足，来奉养有余。

谁能够把有余的拿来供给天下不足的？这只有有道的人才能做到。

因此有道的人作育万物而不自恃己能；有所成就而不以功自居。他不想表现自己的聪明才智。

[赏析与点评]

在天人关系的问题上，老子有两种谈论的方式：一、推天道以明人事——人道启发于天道，这是要人道取法于天道。二、天道与人事对反、对比——以天道反衬出人事的乱象，如本章"天之道，损有余而补不足；人之道则不然，损不足以奉有余"。老子以天道的"损有余而补不足"对比人道的"损有余而奉不足"，认为应该拿有余来弥补不足，实现均平调和，不再出现"庖有肥肉，厩有肥马；民有饥色，野有饿莩"（《孟子·梁惠王上》）的现象。老子对分配正义的呼唤表现出强烈的社会责任意识，老子这样做的目的终究是要人事取法于天道。

七十八章

[导读]

本章老子以水为例说明以柔克刚的道理,借用水的意象来比喻道的德性。水趋下居卑,有"不争"之德。与此同时,水又绵绵不绝,任何坚固的东西都抵挡不住,水滴石穿。所以这里水的"柔弱"不是软弱无力的意思,而是含有坚韧不拔的性格。

天下莫柔弱于水,而攻坚强者莫之能胜,以其无以易[1]之。

弱之胜强,柔之胜刚,天下莫不知,莫能行。

是以圣人云:受国之垢[2],是谓社稷主;受国不祥[3],是为天下王。正言若反[4]。

[注释]

〔1〕易：代替。

〔2〕受国之垢：承担全国的屈辱。

〔3〕受国不祥：承担全国的祸难。

〔4〕正言若反：正道之言好像反话一样。

[译文]

世间没有比水更柔弱的，冲击坚强的东西没有能胜过水的，因为没有什么能代替它。

弱胜过强，柔胜过刚，天下没有人不知道，但却没有人能实行。

因此有道的人说："承担全国的屈辱，才配称国家的君主；承担全国的祸难，才配做天下的君王。"正道之言好像反话一样。

[赏析与点评]

老子反复申明柔弱胜刚强的道理，本章又通过水来强调这一点。

　　胡适就读康奈尔大学时,在校园铁桥上俯视着由瀑布冲刷而成的壮丽峡谷时,就曾对老子的水喻深有所感:"徐步上立,立铁桥上,下视桥下,瀑泉澎腾飞鸣,忽然有感,念老子以水喻不争,大有至理。('上善莫若水。水利万物而不争。'又曰:'天下莫柔弱于水,而攻坚强者莫之能胜。'又曰:'天下之至柔,驰骋天下之至坚。')不观乎桥下之水乎?今吾所见二百尺之深谷,数里之长湍,皆水之力也。以石与水抗,苟假以时日,水终胜石耳。"(《胡适日记全集》二册)

七十九章

[导读]

　　本章旨在提示为政者不可蓄怨于民。用税赋来榨取百姓，用刑政来钳制人民，都足以构怨于民。理想的政治是以德化民——辅助人民，给与而不索取，绝不骚扰百姓，这便是"执左契而不责于人"的意思。

　　和大怨，必有余怨，安可以为善？
　　是以圣人执左契[1]，而不责[2]于人。有德司契[3]，无德司彻[4]。
　　天道无亲[5]，常与善人。

[注释]

〔1〕 契：契券，就像现在所谓的合同。古时候，刻木为契，剖分左右，各人存执一半，以求日后相合符信。左契是负债人订立的，交给债权人收执，就像今天所说的借据存根。

〔2〕 责：索取偿还，即债权人以收执的左券向负债人索取所欠的东西。

〔3〕 司契：掌管契券。

〔4〕 司彻：掌管税收。彻，周代的税法。

〔5〕 天道无亲：天道没有偏爱，与第五章"天地不仁"意思相同。

[译文]

调解深重的怨恨，必然还有余留的怨恨，这怎能算是妥善的办法呢？

因此圣人保存借据的存根，但是并不向人索取偿还。有德的人就像持有借据的人那样宽裕，无德的人就像掌管税收的人那样苛取。

自然的规律是没有偏爱的，经常和善人一起。

[赏析与点评]

"天道无亲"和第五章"天地不仁"的观念是一致的，都是非情的自然观，客观地说明自然的常则。人的心里常有一种"移情作用"，心情开朗时，觉得花草树木都在点头含笑；心情抑闷时，觉得山河大地都在哀思悲愁，这是将人的主观情意投射给外物，把宇宙加以人情化的缘故。老子却不把人的主观情意附加给外物，所以说自然的规律是没有偏爱的感情的（并非对哪一物有特别的感情，花开叶落都是自然的现象，不是某种好恶感情的结果）。所谓"天道无亲，常与善人"，并不是说有一个人格化的天道去帮助善人，而是指善人之所以得助，乃是他自为的结果。

八十章

[导读]

　　"小国寡民"是老子为小国设计的自处之道。在这样的社会里，没有战乱，没有重赋，没有暴戾和凶悍，每个人单凭自己纯良的本能生活，民风淳朴厚实，与文明的污染相隔绝。这幅上古时代百姓安足和谐的生活画面，颇富诗意。

　　小国寡民[1]。使有什伯[2]人之器而不用，使民重死[3]而不远徙。虽有舟舆，无所乘之；虽有甲兵，无所陈之。使民[4]复结绳[5]而用之。

　　甘其食，美其服，安其居，乐其俗。邻国相望，鸡犬之声相闻，民至老死，不相往来。

[注释]

〔1〕 小国寡民：老子在古代农村社会基础上构想的理想化的民间生活情景。

〔2〕 什伯：什，十倍。伯，百倍。通行本"什伯"后缺"人"字，据河上公本增补。

〔3〕 重死：以死为重。

〔4〕 民：通行本作"人"，据帛书乙本改正。

〔5〕 结绳：没有文字之前，百姓结绳以记事。

[译文]

国土狭小人民稀少。即使有十倍百倍人工的器械却并不使用，使人民重视死亡而不向远方迁徙。虽然有船只车辆，却没有必要去乘坐；虽然有铠甲武器，却没有机会去陈列。使人民回复到结绳记事的状况。

人民有甜美的饮食，美观的衣服，安适的居所，欢乐的习俗。邻居之间可以互相看得见，鸡鸣狗吠的声音可以互相听得着，人民从生到死，互相不往来。

[赏析与点评]

本章的"小国寡民",常被现代学人认为是老子理想的政治蓝图。但考察《老子》全书,老子并没有非要"小国寡民"不可的主张,他还常常提到如何治理大国、统领天下的问题。如"治大国,若烹小鲜"(六十章),"大邦者下流,天下之交,天下之牝"(六十一章),"江海之所以能为百谷王者,以其善下之,故能为百谷王"(六十六章),这些都是为大国设计的治国安民方案。老子身处的春秋时期有一百多个大小邦国,国与国之间往来频繁,如何和平相处、良性互动,是老子关注的时代课题。

本章呈现了老子对于当时文明走向的反思。兵器舟船、铸铁器械的进步,应该服务于生活的便利,而不是拿来作为掠夺的工具。字里行间透露出老子对于战争掠夺的不满,以及对于纯朴自然生活的向往。老子反对的不是文明本身,而是有国者对文明的滥用。吴宏一教授也指出:"千万不要误以为老子在开时代的倒车。所谓知其文明、守其素朴的一种人文的精神境界,可能是比较中肯的说法。"(《老子新绎》)

八十一章

[导读]

　　本章由修身、为学到治世,有为全书作总结之意。全文分作两节,前三句谈修身与治学,"信言"与"美言"对举、"善言"与"辩者"对立,正如第二章前两句"美"与"丑"的对举、"善"与"恶"的对立。"知者不博,博者不知",涉及治学中博杂与专精的关系问题。本章后半部着重表彰圣人"不积""利他"的美德,为世人修身治世的典范。

　　信言[1]不美,美言[2]不信。
　　善者不辩,辩者不善。
　　知者不博[3],博者不知。

圣人不积[4]，既以为人，己愈有；既以与人，己愈多。

天之道，利而不害；人之道[5]，为而不争。

[注释]

〔1〕信言：真话，由衷之言。

〔2〕美言：华美之言，即巧言。

〔3〕博：广博。

〔4〕积：积藏。

〔5〕人之道：通行本作"圣人之道"，据帛书乙本改正。

[译文]

真实的言词不华美，华美的言词不真实。

行为良善的人不巧辩，巧辩的人不良善。

真正了解的人不广博，广博的人不能深入了解。

有道的圣人不私自积藏，他尽量帮助别人，自己反而更充足；他尽量给与别人，自己反而更丰富。

自然的规律，利物而无害；人间的行事，施为而不争夺。

[赏析与点评]

当代中西方学者多误以为老子是反伦理道德者，其实不然。孔子曾问礼于老子，两者在仁爱、孝慈、忠信等伦理要目上有许多相通之处。以忠信为例，孔子说"主忠信"（《论语·学而》），《老子》第三十八章也说"夫礼者，忠信之薄，而乱之首"，其意为：礼最重要的内涵是忠信，如果忠信不足，祸乱就要开始了。在道德要目中，老子提到最多的就是"信"，全书出现十五次之多。

本章还谈到圣人积极的现实人生取向，老子说："圣人不积，既以为人，己愈有；既以与人，己愈多。"这不禁让人想起尼采的"给予的道德"（the gift-giving virtue），弗洛姆（Erich Fromm）在《爱的艺术》一书中也非常推崇这种"给予的道德"。

最后，老子以"天之道，利而不害；人之道，为而不争"作为全书的总结。这一"推天道以明人事"的思维方式；展现出道家强调人道应当取法天道的独特思维。

纵观《老子》全书，共有四个特殊的思维方式，分别是：一、相反相成的思维方式；二、循环往复的思维方式；三、天地人整体性的思维方式；四、天道推演人事的思维方式。